westermann

AF628241

fit für die Oberstufe

DEUTSCH

fit für die
/Oberstufe

DEUTSCH

Autoren:
Prof. Dr. Volker Frielingsdorf verfügt über langjährige Erfahrung als Lehrer für Deutsch, Geschichte und Gemeinschaftskunde. Seit 2002 ist er als Autor für Lernhilfen tätig, u. a. für „Fit fürs Abi Express Geschichte" und „Deutsch Realschule".

Rebecca Aiello unterrichtet seit 2014 die Fächer Deutsch und Geschichte und leitet aktuell die Fachschaft Deutsch an einem Gymnasium. Seit einigen Jahren ist sie auch als Autorin für Lernhilfen tätig.

Bildquellennachweis:
|Bitkom, Berlin: Hasskommentare - Jeder neunte Internetnutzer war selbst schon Opfer - Zahlen von 2015 115.1. |Feldhaus, Hans-Jürgen, Münster: 31.1, 55.1, 64.1, 68.1, 72.1, 76.1, 127.1. |iStockphoto.com, Calgary: Alena Kravchenko 4.2; Alina Rosanova Titel, 4.3; FS-Stock 4.1.

Druck A³ / Jahr 2025
Alle Drucke der Serie A sind im Unterricht parallel verwendbar.

Redaktion: imprint, Zusmarshausen
Kontakt: lernhilfen@westermanngruppe.de
Illustrationen: Hans-Jürgen Feldhaus, Münster
Layout und Umschlaggestaltung: Lio Designagentur, Braunschweig
Umschlagfoto: iStockphoto.com, Calgary: Alina Rosanova
Druck und Bindung: Westermann Druck GmbH, Georg-Westermann-Allee 66, 38104 Braunschweig

ISBN 978-3-7426-**0040**-0

Arbeiten mit dem Buch

1

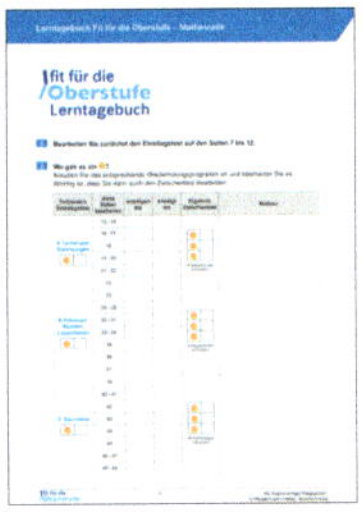
fit für die Oberstufe
Lerntagebuch

Auf **www.westermann.de/fit-oberstufe** finden Sie das **Lerntagebuch**. Laden Sie es herunter.

2

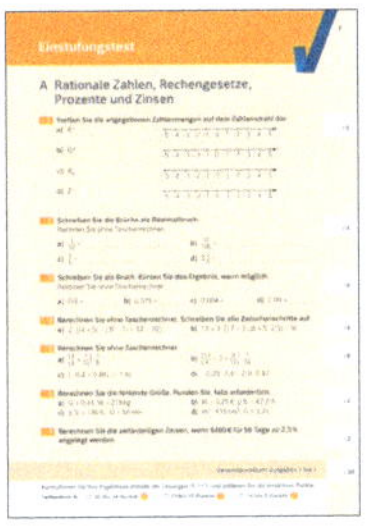
Einstufungstest

A Rationale Zahlen, Rechengesetze, Prozente und Zinsen

Finden Sie mit dem **Einstufungstest** heraus, auf welchen Gebieten Sie Lücken haben.
Die Themen, bei denen das Ergebnis 😕 ist, sollten Sie bearbeiten. Tragen Sie sie in das Lerntagebuch ein.
Wenn Sie Noten im oberen Bereich anstreben, sollten Sie auch die Themen bearbeiten, bei denen Sie 😐 erreicht haben.

3

Rechtschreibung und Zeichensetzung

Die Groß- und Kleinschreibung

Bearbeiten Sie nun Ihre **Themen** im Buch.

Der ★ kennzeichnet besonders anspruchsvolle Aufgaben.

Tragen Sie Ihren Lernfortschritt ins Lerntagebuch cin.

4

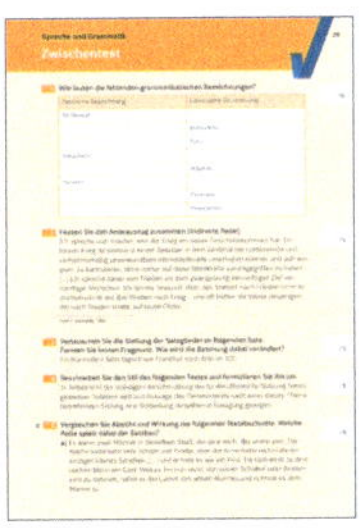
Zwischentest

Überprüfen Sie Ihren Lernfortschritt nach jedem Thema mit dem **Zwischentest**. Wenn Sie das Thema beherrschen, machen Sie mit dem nächsten Thema weiter.

5

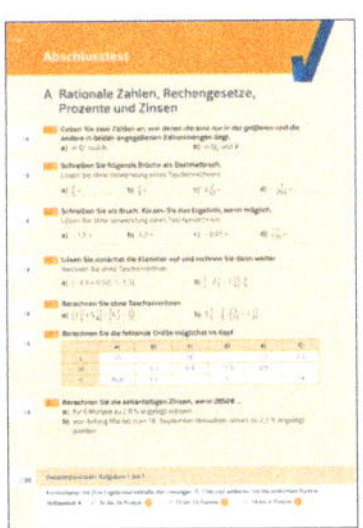
Abschlusstest

A Rationale Zahlen, Rechengesetze, Prozente und Zinsen

Machen Sie am Ende den **Abschlusstest**. Sind Sie fit für die Oberstufe?

Die Online-Ergänzungen zu diesem Buch

Die digitalen Inhalten zu diesem Band finden Sie auf folgender Seite:

www.westermann.de/fit-oberstufe

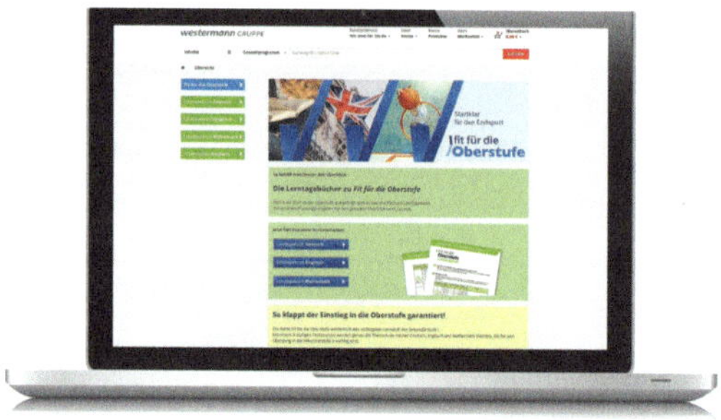

Das Lerntagebuch

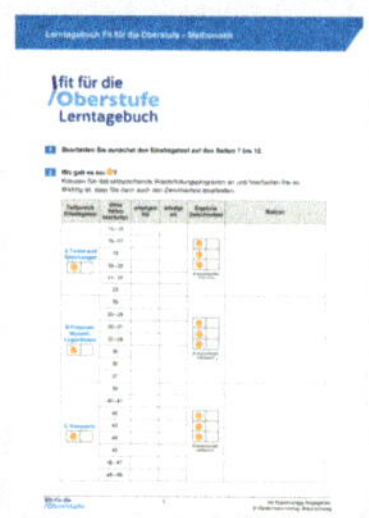

Mit dem Lerntagebuch planen Sie Ihren Lernfortschritt und wissen immer genau, welche Themen Sie noch bearbeiten müssen. Laden Sie es am Anfang herunter und tragen Sie die Ergebnisse Ihres Einstufungstests ein. So wissen Sie, welche Themen Ihnen noch Schwierigkeiten bereiten. Notieren Sie immer Ihre Lernvorhaben und Ihre erreichten Ziele im Lerntagebuch.
So behalten Sie stets den Überblick.

Online-Grundlagentraining

Wenn Sie noch weiteren Übungsbedarf haben, empfehlen wir Ihnen unser kostenloses, interaktives Online-Grundlagentraining.
Hier finden Sie weitere Übungen zum Leseverstehen, zum Analysieren und Interpretieren literarischer Texte und zu wichtigen Fachbegriffen. Außerdem können Sie das Schreiben von Erörterungen sowie das Analysieren von Sachtexten noch einmal ausführlich üben.

Inhaltsverzeichnis

Inhaltsverzeichnis

Einstufungstest

A Rechtschreibung und Zeichensetzung

1 Streichen Sie die insgesamt 13 Rechtschreibfehler an und verbessern Sie sie. /13

a) Das das „dass“, das das „daß“ ersetzt hat, zur verbindlichen norm geworden ist, mißfällt mir.

b) Das war ein Problem, dass ich nicht atäquat lösen konnte.

c) Das studieren von Fachlitteratur und das tägliche lesen einer Tageszeitung sollte von Jedem erwartet werden.

d) Eine bewerbung im internet muss für den einzelnen über Kurz oder Lang zur schieren Selbstverständlichkeit werden.

e) Philosophie und Philologie sind nicht das Selbe.

2 Fügen Sie bitte die fehlenden Kommas, Punkte, Anführungszeichen usw. ein. /30

Wenn die Haifische Menschen wären fragte Herrn Keuner die kleine Tochter seiner Wirtin wären sie dann netter zu den kleinen Fischen sicher sagte er wenn die Haifische Menschen wären würden sie im Meer gewaltige Kästen bauen lassen. Mit allerhand Nahrung drin sowohl Pflanzen als auch Tierzeug sie würden sorgen daß die Kästen immer frisches Wasser hätten, und sie würden überhaupt allerhand sanitäre Maßnahmen treffen damit sie den Haifischen nicht wegstürben vor der Zeit damit die Fischlein nicht trübsinnig würden gäbe es ab und zu große Wasserfeste denn lustige Fischlein schmecken besser als trübsinnige es gäbe natürlich auch Schulen in den großen Kästen in diesen Schulen würden die Fischlein lernen wie man in den Rachen der Haifische schwimmt. ...

„Wenn die Haifische Menschen wären“, aus: Bertolt Brecht: Große kommentierte Berliner und Frankfurter Ausgabe, Band 18.

Gesamtpunktzahl Aufgaben 1 und 2 /43

B Sprache und Grammatik

3 Bestimmen Sie die Verbformen (Person, Numerus, Tempus, Modus und Handlungsform). /6

a) sie hat bezaubernd gelächelt

b) wir werden uns morgen vergewissert haben

c) Kunigunde wird von allen geliebt

d) du wärest niemals angekommen

e) Horst wurde von niemandem beachtet

f) Schiller sagte, es sei genug. (Bestimmen Sie hier die unterstrichene Verbform.)

Kontrollieren Sie Ihre Ergebnisse mithilfe der Lösungen (S. 128) und addieren Sie die erreichten Punkte.

Teilbereich A: ☐ 43 bis 34 Punkte: 🙂 ☐ 33 bis 22 Punkte: 😐 ☐ 21 bis 0 Punkte: 😕

Einstufungstest

4 Bestimmen Sie die Satzglieder.

/21 a) Sie schenkten ihr vor kurzer Zeit Turnschuhe.
b) Der Fußballer des Aufsteigers wurde von seinen Managern genau unter die Lupe genommen.
c) Der tosende Sturm machte uns Angst.
d) Das hättest du aus Pflichtgefühl tun sollen!

/27 **Gesamtpunktzahl Aufgaben 3 bis 4**

C Literaturgeschichte

5 Ordnen Sie die folgenden Autoren und Werke einer Epoche der deutschen Literaturgeschichte zu. Wie lauten die Vornamen der hier genannten Autoren?

Nachname	Vorname	Epoche
Böll		
Heine		
Lessing		
Der junge Schiller		
Fontane		

/14 **Gesamtpunktzahl Aufgabe 5**

D So gehen Sie bei Textanalysen vor

6 In welche drei Teile gliedert sich eine Textanalyse?

/3

7 Warum ist die Intention des Autors für die Textanalyse so wichtig?

/2

/5 **Gesamtpunktzahl Aufgaben 6 bis 7**

Kontrollieren Sie Ihre Ergebnisse mithilfe der Lösungen (S. 128) und addieren Sie die erreichten Punkte.

Teilbereich B: ☐ 27 bis 22 Punkte: ☐ 21 bis 14 Punkte: ☐ 13 bis 0 Punkte:
Teilbereich C: ☐ 14 bis 12 Punkte: ☐ 11 bis 8 Punkte: ☐ 7 bis 0 Punkte:
Teilbereich D: ☐ 5 Punkte: ☐ 4 Punkte: ☐ 3 bis 0 Punkte:

Einstufungstest

E Die Erörterung pragmatischer Texte

8 Erläutern Sie den Unterschied zwischen einer linearen und einer dialektischen Erörterung. /3

9 Am Ende einer Erörterung ist Ihre Stellungnahme gefragt. Was müssen Sie dabei beachten? /5

Gesamtpunktzahl Aufgaben 8 und 9 /8

F Die Erörterung literarischer Texte

10 Welche Rahmendaten gehören in die Einleitung einer literarischen Erörterung? /7

11 Nennen und erläutern Sie kurz die Arbeitsschritte bei der Erörterung eines literarischen Textes. /5

Gesamtpunktzahl Aufgaben 10 und 11 /12

G Die Interpretation literarischer Texte

12 Warum ist die Inhaltswiedergabe auch für die Interpretation von literarischen Texten so wichtig? /3

13 Was versteht man eigentlich unter einer Interpretation? /3

Gesamtpunktzahl Aufgaben 12 und 13 /6

H Materialgestützes Schreiben

14 Beim materialgestützten Schreiben erhalten Sie ja mehrere Texte (vgl. hier das Dossier über „Hate Speech“ auf den S. 110–115). Wie gehen Sie vor, wenn Sie mithilfe dieser Texte erklären sollen, was „Hate Speech“ bedeutet?

Gesamtpunktzahl Aufgabe 14 /7

rollieren Sie Ihre Ergebnisse mithilfe der Lösungen (S. 128/129) und addieren Sie die erreichten Punkte.

ereich E:	☐ 8 bis 7 Punkte: 😊	☐ 6 bis 5 Punkte: 😐	☐ 4 bis 0 Punkte: 😕
ereich F:	☐ 12 bis 10 Punkte: 😊	☐ 9 bis 7 Punkte: 😐	☐ 6 bis 0 Punkte: 😕
ereich G:	☐ 6 Punkte: 😊	☐ 5 bis 54 Punkte: 😐	☐ 3 bis 0 Punkte: 😕
ereich H:	☐ 7 bis 6 Punkte: 😊	☐ 5 bis 4 Punkte: 😐	☐ 3 bis 0 Punkte: 😕

Rechtschreibung und Zeichensetzung

Vorschau

- Groß- und Kleinschreibung
- s-Laute sowie „das“ und „dass“
- zusammen oder getrennt
- Fremdwörter
- Zeichensetzung

Die Groß- und Kleinschreibung

Die Groß- und Kleinschreibung macht nicht nur Schülern und Schülerinnen Schwierigkeiten. Alle Versuche, die Großschreibung abzuschaffen (oder so zu regeln wie im Englischen), sind indes gescheitert. So dürfen auch Sie nicht darauf hoffen, dass sich hierbei in absehbarer Zeit etwas ändern wird.

REGEL

Groß- und Kleinschreibung – das Wichtigste in Kürze

- Satzanfänge, Namen und Nomen (Substantive) werden großgeschrieben. Auch Adjektive und Verben können nominalisiert (substantiviert) werden. Viele Nomen kann man an ihren typischen Endungen erkennen: ***Anhäufung, Vergangenheit, Unfehlbarkeit, Erkenntnis, Freundschaft, Schicksal, Zipperlein, Findling, Eigentum, Teilchen.***
- Häufig werden Nomen durch **Erkennungswörter** angekündigt: Artikel ***(das Haus)***, Adjektive ***(das bunte Haus)***, Pronomen ***(dieses Haus, einige Häuser, ihr Haus)***, Präposition plus Artikel ***(beim [bei dem] Gehen, zum Essen, im Garten)***.

Groß schreibt man außerdem:

- Nomen, die eine Zeit angeben: ***am nächsten Dienstag, gestern Nachmittag ...***
- Pronomen der Höflichkeit: ***Sehr geehrte Frau Göhrlich, Sie erhalten hiermit eine Antwort auf Ihr Schreiben vom ...***
- Adjektive in Namensbezeichnungen: ***der Kölner Dom, der Westfälische Friede***
- Bezeichnungen für etwas, das es nur einmal gibt: ***Pazifischer Ozean ...***

Klein schreibt man dagegen,

- wenn man das Nomen nach einem Adjektiv einspart, nachdem das Nomen zuvor genannt wurde: ***Die komplizierten Arbeiten erledige ich zuerst. Die leichten mache ich danach.***
- wenn Herkunftsbezeichnungen auf **-isch** enden: ***indische Küche, friesischer Tee*** ...

REGEL

Auch Numerale (Zahlwörter) können als Nomen gebraucht werden.
Dann werden sie meist von einem Erkennungswort begleitet oder sind Teil eines Eigennamens: ***der Zehnte, der Dritte im Bunde, das Fünffache von 10, die Null …***

★ **1 In diesem Text ist einiges falsch. Markieren Sie die Wörter, die Sie eigentlich großschreiben müssen, und unterstreichen Sie die passenden Erkennungswörter.**
An manchen Stellen können Sie in Gedanken ein Erkennungswort ergänzen.

Bewerben im Internet

Immer mehr zusatzqualifikationen und fachwissen werden auf der suche nach arbeit von bewerbern gefordert. Der gang zum arbeitsamt und das studieren der tageszeitung reichen oft nicht mehr aus.

Das bewerben im internet spart nicht nur zeit und geld, sondern beweist auch kenntnis des bewerbers in sachen internet. Am besten sucht man auch in jobbörsen nach passenden angeboten.

Zu den jobbörsen führen suchmaschinen, zum beispiel www.google.de. Viele jobs und ausbildungsstellen werden auch von den meisten tageszeitungen im internet angeboten. Hat man eine stelle gefunden, nimmt der bewerber den ersten kontakt zu dem unternehmen auf, am besten über e-mail oder telefon. Die kontaktaufnahme sollte, wie die schriftliche bewerbung auch, gut strukturiert, ein realistisches bild der persönlichen fähigkeiten und kein griff nach den sternen sein, sondern kurz und sachlich auf den punkt kommen.

Trotz aller guten tipps gilt jedoch für das bewerben im internet die devise „Learning by doing". Je mehr jeder bewerber ausprobiert, desto höher steigt seine chance auf eine positive antwort.

TIPP

Erkennungswörter
(Artikel, Adjektive, Pronomen, Präpositionen + Artikel) helfen Ihnen, Nomen richtig zu schreiben: **der** Garten, **strahlende** Sonne, **dieses** Essen, **beim** Spielen. Als Erkennungswörter helfen auch Präpositionen (**ohne** Fehler) und Numerale (**zehn** Bücher).

s-Laute und die Unterscheidung von „das“ und „dass“

Die s-Laute sind im Deutschen deshalb so schwierig, weil sie unterschiedlich geschrieben werden: mit **s**, **ss** oder **ß**.

REGEL

s, ss und ß (Sprechprinzip)

Die Schreibung des scharfen s-Lautes richtet sich wie bei der Schreibung anderer Konsonanten nach dem vorangehenden Vokal (lang oder kurz):

- nach kurzem Vokal steht **ss**: ***Messe, er frisst ...***;
- nach langem Vokal steht **ß**: ***fließen, Straße, Maße (im Gegensatz zu Masse)*** ...

Wenn die erste betonte Silbe eines Wortes einen langen Vokal oder **au**, **äu**, **eu**, **ei**, **ai** enthält, also offen ist, wendet man diese Regeln an:

- Beginnt die folgende Silbe mit stimmhaftem **s** (weich), wird **s** geschrieben: Ra-**s**en, Häu-**s**er, le-**s**en, sau-**s**en ...
- Beginnt die folgende Silbe mit stimmlosem **s** (scharf, zischend), wird **ß** geschrieben: Ma-**ß**e, hei-**ß**en, drau-**ß**en, sto-**ß**en ...

Alle anderen Wortformen dieser Wörter behalten das **s** bzw. das **ß** bei:
le-**s**en, er lie**s**t, er las ... / Häu-**s**er, das Hau**s**, häu**s**lich, Häu**s**lichkeit ...
hei-**ß**en, er hei**ß**t, er hie**ß** ... / Ma-**ß**e, das Ma**ß**, ma**ß**voll, Mä**ß**igkeit ...

Bei zweisilbigen Wörtern, bei denen **st** im Wortstamm selbst vorkommt, schreibt man immer **s** – gleichgültig, ob der Vokal kurz oder lang ist:
das Ge-**s**tein, ge-**s**tolpert, der Hu**s**-ten, der La**s**-ter ...

Wörter mit den Endungen -**nis**, -**is**, -**as**, -**os** und -**us** werden mit **s** geschrieben.

2 **Setzen Sie s oder ß ein. Bilden Sie, wenn nötig, eine zweisilbige Form.**

barfu......, der Ra......en, lei......e, ra......ten, konfu......, der Applau......, der Kie......, gie......en, der Atla......, au......erdem, der Grie......, der Kürbi......, er stie......, das Gefä......, der Hinwei......, hu......ten, der Erlö......, wei......, der Schmau...... das Hau......, das Rhinozero......, ro......ten, sie sau......te, das We......en, flei......ig, ko......ten, das Geheimni......, genie......en, der Bewei......, der Ha......e, der blo......e Fu......, er blie......, der Gru......, das Verlie......, das Ma......, der Globu......, lei......ten, der Bu......, er stie......, der Rie......e, die Finsterni......, die So......e, das Zeugni......, der Flei......, die Anana......, drau......en, die sü......e Koko......makrone, der Sto......, die Va......e, die Fa......tenzeit, sie hei......t, der Kroku......, unge......tört, das Versäumni......, tau......end, die Fruchthül......e, der Spie......, mei......tens, die In......el, die gro......e La......t, der Mi......t, die Ma......ern, ba......teln, die Wie......en, das Gemü......e, eine rie......ige Na......e, ha......ten

REGEL

- Wenn die erste betonte Silbe eines Wortes einen kurzen Vokal enthält bzw. der stimmlose s-Laut (scharf, zischend) zwischen zwei kurzen Vokalen steht, ist die erste **Silbe geschlossen**. Deshalb schreibt man **ss**: ***fas-sen, küs-sen*** ...
  In allen anderen Wortformen dieser Wörter schreibt man auch ss: ***fas-sen, er fasst, das Fass ...***
- Tritt in der verwandten Wortform ein langer Vokal auf, ist die Silbe mithin **offen**, schreibt man **ß**: ***wis-sen, ich wusste; aber: ich weiß.***

3 Entscheiden Sie, welchen s-Laut Sie einsetzen müssen (Wortfamilie).

a) flie.......en, er flo......., geflo.......en, flü.......ig, Flu......., flie.......end, Flie.......papier, Flie.......band

b) hei.......en, er hie......., gehei.......en

c) bei.......en, sie bi......., gebi.......en, Bi......., Bi.......en, bi.......chen

d) schlie.......en, er schlo......., geschlo.......en, Schlie.......fach, Schlie.......muskel, Verschlu.......

e) sto.......en, er stö.......t, Ansto......., Sto.......dämpfer, sto.......sicher, sto.......weise

REGEL

- Das **Relativpronomen „das"** leitet Relativsätze ein und bezieht sich auf ein Nomen im Hauptsatz: ***Dieser Rucksack gehört dem Mädchen, das ich gestern kennengelernt habe.*** Übrigens: Der eingeschlossene Relativsatz wird am Anfang und am Ende durch Kommas abgetrennt: ***Das Mädchen, das ich gestern kennengelernt habe, hat seinen Rucksack vergessen. Das Treffen, auf das ich mich freue, findet am Donnerstag statt.***
- Mit der **Konjunktion dass** wird meistens ein Gliedsatz eingeleitet. Diese Konjunktion bezieht sich häufig auf ein (vorausgehendes) Verb: ***Es ärgert mich, dass ich morgen nicht am Sportfest teilnehmen kann. Dass ich morgen nicht am Sportfest teilnehmen kann, ärgert mich.***

4 Verbinden Sie die Sätze mit „das" oder „dass". Komma nicht vergessen!

a) Martin freute sich furchtbar. Es schneite endlich.

b) Er dachte kaum darüber nach. Den Autofahrern bereitete der plötzliche Wetterumschwung ziemliche Probleme.

c) Das sichere Fahren im Auto war ohne Winterreifen unmöglich. Das Fahren war bei diesem Schneefall ein Risiko.

TIPP

Dass-Sätze stehen oft nach Verben wie ***wissen, meinen, sagen, behaupten, lesen, vermuten, denken, sich freuen, bedauern, hoffen, verstehen usw.***
Wenn Sie unsicher sind, führen Sie die **Ersatzprobe** mit **dieses** oder **welches** durch.

d) Dennoch saß Martin am Fenster und amüsierte sich. Viele Verkehrsteilnehmer schlitterten wie auf einer Skipiste.
e) Eine Frau rutschte auf ihren glatten Sohlen aus und fiel hin. Er lachte darüber.
f) Einige Hunde sprangen durch das Schneetreiben. Dieses wurde immer dichter.

REGEL

- Die Konjunktion **dass** (K) wird häufig mit dem Demonstrativpronomen **das** (D) verwechselt. Dabei bezieht sich das **Demonstrativpronomen** auf den Satz, der vorangeht: ***Wir haben den Urwald besucht, das (D) war unheimlich aufregend.***
- Die **Konjunktion** leitet dagegen den Gliedsatz ein: ***Das (D) ist schön, dass (K) du das nächste Mal mit uns kommen wirst.***

5 **Setzen Sie „das“ oder „dass“ in die Lücken ein. Ergänzen Sie auch Kommas.**

Ein Bericht aus dem Urwald

.... war ein Abenteuer .... ich nicht vergessen werde: .... Tropengewitter .... zwei Stunden angedauert hat, ist endlich vorbei. Es ist klar .... wir unseren Weg durch den Urwald nun fortsetzen können. Die Luft ist zum Schneiden dick. .... war aber vorauszusehen. Schwer fällt uns .... Atmen .... uns zu Hause keine Probleme bereitet. Immer wieder müssen wir anhalten .... verzögert .... Vorankommen. Undurchdringlich erscheint .... Unterholz .... uns mit armdicken Schlingpflanzen und meterdicken Baumstämmen den Weg versperrt. .... Freischlagen des Pfades mit Haumessern gestaltet sich schwierig. Deutlich zu spüren ist .... die Beine anschwellen und schwer werden.

.... ist eine ganz schöne Tortur. Wir schleppen uns so mühsam weiter .... der Atem immer schneller geht. Kein Sonnenstrahl dringt durch .... Blätterdach

.... die Bäume bilden. Am Abend rasten wir an einem verlassenen Dorf .... halb verfallen ist. .... entfachte Feuer tut so gut .... die Strapazen weniger schlimm erscheinen. Ich weiß .... ich todmüde bin, doch der Urwald hält mich wach – .... ist noch viel anstrengender, wenn man eigentlich schlafen möchte. Ringsum spielt der tropische Regenwald .... Nachtkonzert .... tausend Tiere kreischen und pfeifen. Ich muss feststellen .... nächtliche Höllenspektakel einen nicht zur Ruhe kommen lässt.

.... ist kein Urlaub .... ist Abenteuer pur.

Zusammen oder getrennt?

REGEL

Richtig getrennt und zusammenschreiben

Im Normalfall werden Wörter durch Zwischenräume voneinander getrennt.

- Verbindungen von **Verb und Verb** schreibt man in der Regel getrennt: ***baden gehen …***
  Verbindungen mit **bleiben** oder **lassen** als weiteren Bestandteil können wahlweise getrennt oder zusammengeschrieben werden, sofern die Verbindung im übertragenen Sinne verwendet wird: ***stehen lassen / stehenlassen (= nicht länger beachten).***
- Verbindungen von **Adjektiv und Verb** werden zusammengeschrieben, wenn durch die Verbindung zweifelsfrei eine neue Gesamtbedeutung entsteht: ***jemanden freisprechen (= jemanden von einer Schuld entbinden).***
- **Nomen** und **Verben** bilden in der Regel eine Wortgruppe und werden getrennt geschrieben: ***Auto fahren, Ski laufen …; Rad fahren → ich fahre Rad.***
  Nomen können mit Verben untrennbare Zusammensetzungen bilden: ***brandmarken, nachtwandeln …; bergsteigen*** (***ich „steige Berg"*** geht nicht).
- Verbindungen aus **Adverb und Verb** schreibt man in der Regel zusammen, wenn hauptsächlich der erste Bestandteil des Wortes betont ist: ***auseinandersetzen, wiederkommen, niederlegen …***
- Wortgruppen mit **sein** schreibt man stets getrennt: ***ich werde dabei sein, pleite sein …***
- Adjektive, die auf **-ig, -isch** oder **-lich** enden, schreibt man getrennt vom Verb oder dem anderen Adjektiv: ***spöttisch lächeln, winzig klein …***;
  bei Bedeutungsveränderung schreibt man zusammen: ***übrigbleiben (= keine andere Wahl haben).***
- Man schreibt **zusammen**, wenn der erste Teil eine bedeutungsverstärkende oder vermindernde Funktion hat: ***bitterkalt, riesengroß, superschwer …***

★ **6** **Füllen Sie die Lücken mit den Wörtern aus den Klammern.**

Die verflixten Hausaufgaben

Liz war heute extra zu Hause geblieben, um den (riesig?groß) ………………………… Berg von Hausaufgaben zu erledigen und ihrem Vater zu zeigen, dass sie die Schule jetzt wirklich (ernst?nehmen) ………………………… wollte. Draußen war es sowieso (nass?kalt) …………………………, sodass ihr das Arbeiten nicht besonders (schwer?fallen) ………………………… würde. Erst hatte sie überlegt, sich (krank?melden) …………………………, doch das wäre sicherlich (schief?gehen) …………………………. Also nahm sie sich vor, ihre Aufgaben diesmal besonders (gut?machen) …………………………, und machte sich daran, die (winzig?klein) ………………………… Buchstaben des Textes zu entziffern und den Lückentext auszufüllen. Wurde das Wort nun (klein?schreiben) .... oder vielleicht groß? Wurde dieses Wort (zusammen?schreiben) .... oder getrennt? Um nicht einfach nur die Zeit (tot?schlagen) .... und endlich mal etwas (voll?enden) .... zu können, wollte sie erst einmal die Matheaufgaben (fertig?stellen) .... Das klappte auch. Mit ihrem kleinen, (blau?grauen) .... Taschenrechner als Hilfe konnte wirklich nichts (schief?gehen) .... Plötzlich hörte sie hinter sich Geräusche: „Na, wie (voran?kommen) .... du ....?" Es war ihr Vater. „Hey, bist du (taub?stumm) ....?", fragte er Liz (tot?ernst) ...., als sie nicht antwortete.

„Mathe hab ich ja schon fertig, aber Deutsch fällt mir schwer. Das darfst du mir nicht (übel?nehmen) ....!", antwortete sie (klein?laut) ....

„Ach, warum denn? Das können wir doch auch (zusammen?machen) .... Ich bereite schnell einen Kakao vor, und dann setzen wir uns gemeinsam hin!"

★ **7** **Unterstreichen Sie die Wörter, die man getrennt schreibt und machen Sie einen Kreis um solche, die man zusammenschreibt. Formulieren Sie mit diesen Wörtern eigene Sätze.**

hoch?klettern, liegen?lassen, Rad?fahren, Computer?spielen, lästig?finden, Zeit?verlieren, Maß?halten, schwarz?ärgern, stecken?bleiben, Lust?haben, ruhig?bleiben, bange?sein, schlaf?wandeln, übrig?bleiben, wach?rütteln, grün?ärgern, dunkel?rot, auseinander?gehen, schluss?folgern, brust?schwimmen, rückwärts?fahren, dicht?gedrängt, durcheinander?reden, tief?erschüttern, taub?stellen, stein?reich, spazieren?gehen.

REGEL

Manchmal bleibt es dem Schreiber überlassen, ob er Wortbestandteile als Zusammensetzung (Zusammenschreibung) oder als Wortgruppe (Getrenntschreibung) auffasst:

anstelle oder ***an Stelle*** | ***aufgrund*** oder ***auf Grund***
aufseiten oder ***auf Seiten*** | ***sodass*** oder ***so dass***
zugrunde gehen oder ***zu Grunde gehen*** | ***zugunsten*** oder ***zu Gunsten***

Prägen Sie sich ein: so viel (als Konjunktion: soviel), so viele, wie viel, wie viele, zu viel, zu wenig, irgendetwas, irgendjemand, irgendwer, irgendwann, anhand, stattdessen, zuliebe, infolge, inmitten, zuallerletzt, ohne dass, statt dass, außer dass, gar nicht, gar kein ...

8 Markieren Sie die Fehler. Schreiben Sie den Text richtig ab.

Mein Freund ist manchmal so eng stirnig, dass man keines wegs mit ihm reden kann. Mitunter ist mir sein Verhalten dann ein wenig zu groß spurig. Infolge dessen wirkt er zeit weilig auch wie weg getreten. Auf bestimmte Vorfälle reagiert er irgend wann nur noch kalt schnäuzig. Das kann man ihm dann richtig übelnehmen, zum Beispiel wenn er beim Fern sehen nicht durch die Kanäle zappen darf. Dann guckt er richtig sauer töpfisch. Auch bei einer Familienfeier kriegt er meist irgendwann einen Koller. Statt sitzenzubleiben, wenn alle miteinanderreden, steht er zu meist auf, um ab zu hauen. Aber wenn es wirklich daraufankommt, wenn ich mich richtig auf ihn verlassen muss, dann schaut er meistens gut mütig drein und steht hinter mir. Deshalb mache ich mir gar keine Sorgen.

TIPP

Manchmal wird allein durch die Schreibweise das Verständnis deutlich: Bei einem Referat sollte man möglichst **frei sprechen**.
Schreibt man diese Wörter getrennt, so drückt man aus, dass der Referent spricht, ohne abzulesen. Das heißt, man schreibt getrennt, wenn beide Wörter ihre ursprüngliche Bedeutung behalten.
Der Richter will den Angeklagten **freisprechen**.
Schreibt man diese Wörter zusammen, so drückt man aus, dass dem Angeklagten keine Schuld gegeben wird. Das heißt, man schreibt zusammen, wenn die Zusammensetzung eine andere Bedeutung erhält.

Fremdwörter

REGEL

Etwa jedes vierte Wort im Deutschen kommt aus einer anderen Sprache.

- Grundsätzlich darf man Fremdwörter so schreiben, wie sie in ihrer ursprünglichen Sprache geschrieben werden.
- Bei etlichen Fremdwörtern wurde die Schreibweise aber **angepasst**: ***Photographie / Fotografie, Delphin / Delfin, Ketchup / Ketschup …***
- Wenn Sie sich an den Suffixen (Endungen) orientieren, können Sie Fehler vermeiden, denn die werden meistens gleich geschrieben: **-ieren, -iv, -age, -eur/eurin, -tion, -ik, -iz, -um, -ine, -ur, -ie, -in …**
- Während Wörter mit **ph** aus dem Griechischen allmählich eingedeutscht werden, bleiben **th** und **rh** in den meisten Fremdwörtern erhalten: ***These, Sympathie.*** Zwei Schreibweisen gibt es bei ***Thunfisch (Tunfisch), Panther (Panter), Myrrhe (Myrre).***

9 **Suchen Sie aus einem Wörterbuch jeweils eine weitere Schreibmöglichkeit heraus.**
Schlagen Sie auch die Bedeutung des Wortes und die Herkunftssprache nach.

Fremdwort	2. Schreibmöglichkeit	Bedeutung	Herkunftssprache
Sauce	*Soße*	*Tunke*	*französisch*
circa			
Shrimps			
Mayonnaise			

10 **Streichen Sie die falsche(n) Schreibweise(n) durch.**

Fotografie – Photographie – Fotographie – Photografie
Strofe – Strophe – Strohfe – Strohphe
Diftong – Diphthong – Difthong – Diphtong
Filosophie – Vielosophie – Philosophie – Philosofie
Mehgaphon – Megaphon – Megafon – Megahfon

★ **11** **Versuchen Sie, das Fremdwörter-Rätsel zu lösen:**

Denker und Freund der Weisheit:

Bei R. M. Rilke hinter Gitterstäben:

Geschenk der Heiligen Drei Könige:

Das Gefühl dafür sollte man beim Tanzen haben:

Verursacht Schmerzen in den Gelenken:

							3	
						5		
					4			
							1	
			2					

Lösungswort:

1	2	3	4	5

Zeichensetzung

REGEL

1. Das Komma steht **zwischen Sätzen**, gleichgültig, ob es sich dabei um Hauptsätze oder Nebensätze handelt.
   Was du heute kannst besorgen, das verschiebe nicht auf morgen.
   Hunde, die bellen, beißen nicht.
   Was du nicht willst, das man dir tu, das füg auch keinem andern zu.
   Wo ein Wille ist, da ist auch ein Weg.
2. Das Komma **trennt** alle **Glieder einer Aufzählung, vor denen nicht „und"** bzw. **„oder" steht**.
   Köln, Berlin, Hamburg und München.
   Jan liebt die Farben grau, blaugrau und blassgrau.
3. Das Komma steht **vor nachgestellten genaueren Bestimmungen** und **vor Konjunktionen**, die einen **Gegensatz** ausdrücken.
   Ich mache gerne Sport, besonders Schwimmen und Leichtathletik.
   Goethe liebte das Reisen, vor allem nach Italien.
   Laura lernt nicht nur Englisch und Französisch, sondern auch Spanisch.
   Langsam, aber sicher.
4. Das Komma steht **bei eingeschobenen Ergänzungen** (Anrede, Datum, Ausruf):
   Guten Tag, Frau Schiffer. Wir sehen uns am Montag, den 3. Oktober.
   Oh, was für ein Glück!
5. Der **Infinitivsatz kann** durch ein Komma **abgetrennt werden**, in manchen Fällen **muss** ein Komma stehen.
   Es ist erlaubt, die Hausaufgaben zu machen.
   Ich freue mich nicht, Sie hier zu sehen.
   Um mich gut vorzubereiten, brauche ich dieses Deutschbuch.

12 **Unterstreichen Sie jeweils die Verbform und markieren Sie mithilfe von Klammern, wo die Sinneinheiten beginnen und aufhören. Setzen Sie Kommas.**

Über Massenmedien

[Massenmedien sind allgemein dadurch gekennzeichnet], [dass sie sich an eine Masse richten]. Dies ist ein Publikum das nach Alter Bildungsstand und Anzahl unbestimmt zusammengesetzt ist und nicht an einem Ort versammelt ist. Die herkömmlichen Massenmedien sind für jedermann zugänglich wirken nur in eine Richtung und machen eine direkte Kommunikation nicht möglich. Sie können also nur auf indirektem Wege zur Wirkung kommen nämlich durch technische Hilfsmittel wie Rotationsdruck Funkwellen Sende- und Empfangsgeräte. Massenmedien kann man als Transportmittel der indirekten Kommunikation bezeichnen die im Leben der Menschen einen größeren Raum einnimmt als die direkte Kommunikation. Diese direkte Form findet in der Familie mit Freunden und Bekannten oder mit Kollegen am Arbeitsplatz statt. Wenn wir mit Fremden über Politik über Sportereignisse über den neuesten Film reden merken wir dass fast alle ihr Wissen oft auch ihre Meinung aus den Medien beziehen.

Zwischentest

/17

1 Streichen Sie alle falsch geschriebenen Wörter durch.

Reisen bildet – Sprachkurse im Ausland helfen oft auch für den Beruf

Am Strand liegen und Vokabeln pauken lästigfinden/lästig finden? Im Gegenteil! Für viele deutsche/Deutsche ist das eine reizvolle/Reiz volle Urlaubskombination. Mehr als 150 000 Deutsche buchen jedes Jahr einen Sprachkurs im Ausland und wieder holen/wiederholen diese Reisen sogar mehrfach. „Der Trend ist seit Jahren ungebremst. Der Anteil Erwachsener hat den jugendlicher/Jugendlicher Sprachreisender weit überflügelt", weiß/weis Claus Kunze vom Fachverband Deutscher/deutscher Sprachreiseveranstalter (FDSV) in Berlin zuberichten/zu berichten. Früher habe dabei das Interesse an der Kultur im Vordergrund gestanden, stattdessen/statt dessen seien es heute/Heute vorwiegend berufliche Gründe. „Immer mehr selbstbewuste/selbstbewusste/selbst bewusste Erwachsene entdecken Sprachreisen seit dem/seitdem zu aller erst/zuallererst auch als Single-Urlaub", ergänzt Monika Düngemann, Produktmanagerin für Sprachreisen in München. „Allein in Deutschland gibt es rund sechzig Anbieter", schätzt Kunze. Nicht alle sind seriös, das/dass hat er mittlerweile/mittler Weile heraus gefunden/herausgefunden. Die 21 im FDSV organisierten Veranstalter würden dagegen regelmäßig/regelmeßig/regelmässig Standards wie Lehrerqualität, Ausstattung und Unterbringung kontrollieren lassen/kontrollierenlassen. Ratschläge gibt auch die Aktion Bildungsinformation (ABI) in Stuttgart, die den Sprachreisemarkt unter die Lupe nimmt und vor.

/18

★ **2 Fügen Sie die fehlenden Satzzeichen ein.**

Warschau. Janek Mela ein einbeiniger polnischer Schüler hat am Silvestertag nach einem gewaltigen Fußmarsch den Südpol erreicht. Es ist unglaublich wie er als behinderter Junge die Kälte bezwungen hat kommentiert sein Vater stolz diese Leistung. Für den 16-Jährigen war es der zweite Triumph in wenigen Monaten. Erst im April sei er zum Nordpol gewandert berichtet Vater Jurek der den Tatendrang seines Jungen kaum fassen kann. Mit einem künstlichen Bein hat er sich auf beiden Touren durch die Schnee-und Eismassen gekämpft. Wir haben richtig gut zusammengearbeitet aber auch zusammen gelitten berichtet der erfahrene polnische Abenteurer Marek Kaminski der den Jugendlichen begleitet und unterstützt hat. Mela der vor zwei Jahren bei einem Unfall einen Arm und ein Bein verlor wurde damit zum jüngsten Menschen der innerhalb eines Kalenderjahres Nord- und Südpol erreichte. Das mache ihn zu einem ganz besonderen Menschen der sich von anderen abhebe so der Vater.

/35 **Gesamtpunktzahl**

Kontrollieren Sie Ihre Ergebnisse mithilfe der Lösungen (S. 131) und addieren Sie die erreichten Punkte.

☐ 35 bis 28 Punkte: ☺ ☐ 27 bis 18 Punkte: 😐 ☐ 17 bis 0 Punkte: 😕

Sprache und Grammatik

Vorschau

- Angemessene Sprache: Sprachebene – Sprachstil
- Grammatik ist die Basis: Wortarten, Satzglieder, Zeitformen, Konjunktiv und indirekte Rede

Sprachebene – Sprachstil

REGEL

Unsere Sprache umfasst verschiedene Sprachebenen:

1. Die **Hochsprache**: Sie ist in aller Regel auch die Standardsprache und wird in den Medien und in der Literatur verwendet. Diese gehobene Sprache bestimmt die Allgemeinverbindlichkeit der sprachlichen Normen. Sie findet sich deshalb auch in Grammatiken, Wörterbüchern und Lexika.
2. Die **Umgangs- und Alltagssprache**: Sie ist zwar der Hoch- und Standardsprache nahe, weicht aber in vielem von den im Schriftlichen geltenden Normen ab. Sie wird im täglichen Umgang benutzt. Früher wurde diese Sprachebene auch als Volksmund bezeichnet. Dabei nimmt die Umgangssprache meist eine Mittelstellung zwischen Hochsprache und Dialekt ein. Ist diese „Zwischensprache" gruppengebunden, so spricht man von einem **Soziolekt**.
3. Die **Dialekte** (Bayrisch, Sächsisch, Kölsch, usw.): Sie haben eine typische ortsbezogene Färbung, sodass die Dialektsprecher oft schon in den Nachbargemeinden als ortsfremd angesehen werden. Dialekte, die auch als Mundarten bezeichnet werden, unterscheiden sich im Wortschatz, in der Betonung und in der Grammatik oft sehr stark von der Hochsprache.
4. **Szenesprachen** (auch: Jargon, Slang): Sie werden nur in einem bestimmten sozialen Milieu oder einer Subkultur gesprochen und dienen der bewussten Abgrenzung von der übrigen Gesellschaft. Szenesprachen werden besonders von Jugendlichen benutzt, die einer exklusiven Gruppe angehören oder angehören wollen. Szenejargons unterliegen einem ständigen und schnellen Wandel, da Ausdrücke rasch überholt sind und durch neue ersetzt werden.
5. Die **Fachsprachen**: Sie werden von Fachleuten eines bestimmten Gebiets (Medizin, Architektur, Computerfachleute, Steuerberater, Wissenschaftler usw.) gesprochen und oft auch nur von ihnen verstanden. Dabei wird normalerweise die Hochsprache benutzt und durch spezielle Fachwörter ergänzt. Die Fachausdrücke, die fast immer aus einer Fremdsprache entlehnt werden, bleiben den meisten anderen Menschen fremd und unverständlich.
   Oft werden Fachsprachen von Außenstehenden als „Fachchinesisch" abgewertet. Sie sind dennoch fast durchweg unentbehrlich, da viele komplexe Sachverhalte nur mithilfe von Fachtermini exakt benannt werden können.

Der Deutschunterricht in der Sekundarstufe II hat vorrangig zum Ziel, die gehobene Sprache zu vermitteln und zu kultivieren. Dabei wird die Fachsprache der Germanistik – das ist diejenige Geisteswissenschaft, die die deutsche Sprache und die deutschsprachige Literatur erforscht – mehr und mehr hinzugezogen.
Die Umgangssprache, die mündlich durchaus auch im Deutschunterricht gebraucht werden kann, hat dagegen in der geschriebenen Sprache nichts zu suchen. Ähnlich wie Dialekte und Szenejargon gehört die Alltagssprache natürlich nicht in Ihre Deutschklausur. Deshalb ist es so wichtig, die verschiedenen Sprachebenen genau unterscheiden zu lernen, um sie umso gezielter einsetzen zu können.

1 **Notieren Sie sich zu jeder Aussage, um welche Sprachvariante es sich handelt. Markieren Sie die Abweichungen von der Standardsprache, an denen Sie dies erkannt haben.**

a) Nee, sowatt abba auch! Datt glaubse nich! Da hatt doch die Gerda ’n Krösken mitten Nachbarn.

....

b) Also ehrlich, da bin ich gestern wieder nach Sparkauf gegangen, um Angebote zu kaufen, weil die sind ja wirklich immer billig. Da steht da doch so ne Riesenschlange vor.

....

c) Wer schon als Kleinkind vom Fernseher verwöhnt und ruhig gestellt wurde, der schweigt offenbar auch, wenn er älter ist.

....

d) Das ist ne richtige Bitch.

....

e) Bei der Ausführung des Eckstoßes darf die Eckfahne nicht entfernt oder verändert werden.

....

TIPP

Übrigens ist im deutschen Sprachraum die gehobene Sprache nicht in dem Maße ein soziales Abgrenzungskriterium, wie dies etwa im Englischen oder Französischen der Fall ist. Dort müssen in aller Regel die Mitglieder der Eliten die gehobene Sprache in besonders akzentuierter Weise schriftlich und mündlich praktizieren, wohingegen bei uns die Gebildeten immer wieder auch Ausdrücke aus der Umgangs-, Dialekt- und sogar aus der Vulgärsprache benutzen können, ohne dass dies unbedingt ihrem Ansehen schaden würde.

Wortarten und Satzglieder

REGEL

Wortarten: Es gibt flektierbare (= veränderbare) und unflektierbare (= unveränderbare) Wörter.
flektierbare Wörter: Artikel, Nomen (= Substantiv), Pronomen, Adjektiv, Verb
unflektierbare Wörter: Adverb, Konjunktion, Präposition, Interjektion

- Nomen (Substantive) werden dekliniert, d. h. sie stehen im Singular oder Plural und in verschiedenen Kasus: Nominativ, Genitiv, Dativ, Akkusativ.
- Artikel sind die „Begleiter" der Nomen. Sie zeigen das Genus der Substantive an (Maskulinum, Femininum, Neutrum). Man unterscheidet **bestimmte** und **unbestimmte** Artikel.
- Pronomen sind „Für-Wörter", also Stellvertreter für ein Nomen.
  Personalpronomen: ***ich, du, er, ihnen, sie; Sie, Ihnen ...***
  Possessivpronomen: ***mein, euer, ihr, unser; Ihr ...***
  Demonstrativpronomen: ***dieser, jener, der da, das ...***
  Indefinitpronomen: ***jeder, einige, irgendeiner ...***
  Relativpronomen: ***der, dessen, dem, welcher ...***
  Interrogativpronomen: ***wer, was, welcher ...***
- Adjektive bezeichnen **Eigenschaften, Zustände und Empfindungen**.
  Meist lassen sie sich steigern: Positiv – Komparativ – Superlativ.
  schön – schöner – am schönsten
- Verben werden konjugiert, d. h. sie haben bestimmte Formen/Endungen, aus denen Person und Zeit zu erschließen sind. Man unterscheidet:
  schwache Verben *(reden – redete – geredet),*
  starke Verben *(schreiben – schrieb – geschrieben),*
  transitive Verben *(suchen* → Akkusativobjekt, Passiv möglich),
  intransitive Verben *(stehen* → kein Akkusativobjekt, kein persönliches Passiv möglich).
- Adverbien präzisieren das Prädikat, z. B.
  temporal: ***gestern,*** **lokal:** ***dort,*** **modal:** ***gerne,*** **kausal:** ***daher.***
- Konjunktionen sind „Bindewörter"; sie **verbinden einzelne Wörter *(und)*, Satzreihen *(denn, deshalb)*** oder **Satzgefüge *(weil, wenn, dass)***.
- Präpositionen sind „Verhältniswörter", d. h. durch ihre Stellung vor einem Nomen klären sie **lokale *(auf, neben, in ...)***, **temporale *(während, vor, nach ...)*** oder **kausale *(wegen, trotz)*** Zusammenhänge. Präpositionen verlangen jeweils einen bestimmten Kasus.
- Numerale sind Zahlwörter; die Grundzahlen ***eins*** bis ***zwölf*** werden ausgeschrieben.
- Interjektionen sind **Ausrufe *(Ach! Oh!)***, die für die Interpretation eines Textes sehr wichtig sein können.

REGEL

Satzglieder

- Ein korrekter Aussagesatz braucht ein **Subjekt** und ein **Prädikat**, z. B.: ***Wir singen.*** → Subjekt, Prädikat
- Er kann durch **weitere Satzglieder** ergänzt werden:
  Wir singen Volkslieder. → Subjekt, Prädikat, Akkusativobjekt
  Wir singen sonntags Volkslieder. → Subjekt, Prädikat, adverbiale Bestimmung, Objekt
  Wir singen sonntags Volkslieder für die Altenheimbewohner. → Subjekt, Prädikat, adverbiale Bestimmung, Präpositionalobjekt (im Akkusativ)
- Anders als im Englischen können die Satzglieder im Deutschen umgestellt werden, z. B.: ***Sonntags singen wir Volkslieder.***
  Für die Altenheimbewohner singen wir sonntags Volkslieder.
  Volkslieder singen wir sonntags für die Altenheimbewohner.

2 Bestimmen Sie die Satzglieder.

a) Unser Freund schenkte uns heute ein wunderbares Buch.

....

b) Den Gästen gefiel die einzigartige Insel mit ihren heißen Quellen sehr.

....

c) Der Bundestrainer lobte gestern seinen Mittelstürmer über alle Maßen.

....

d) Der schwere Unfall ereignete sich auf offener Strecke.

....

e) Sie gab es ihm.

....

3 Bestimmen Sie die Verbformen (Person, Numerus, Tempus, Modus und Handlungsform).

a) Julia hat ein bezauberndes Lächeln. ....

b) Sie werden morgen gearbeitet haben. ....

c) Kunigunde war von allen geliebt worden. ....

d) Ihr wäret niemals hier angekommen. ....

e) Horst wird von allen beachtet. ....

f) Schiller hatte gesagt, es sei genug gewesen. ....

Gebrauch der Zeitformen

REGEL

In der deutschen Sprache gibt es drei **Zeitstufen** (Vergangenheit, Gegenwart, Zukunft) und sechs **Zeitformen** (= Tempora): Plusquamperfekt, Perfekt, Präteritum (= Imperfekt), Präsens, Futur I, Futur II. Bei der Verwendung der Zeitformen gibt es **regionale** und **stilistische Unterschiede**.

- **Vergangenheit:** Das Erzähltempus in schriftlichen Texten ist in der Regel das Präteritum. Beim mündlichen Sprachgebrauch wird (vor allem in Süddeutschland und Österreich) das Perfekt bevorzugt: ***Ich habe gesehen.*** Statt***: Ich sah.***
  Um ein vergangenes Ereignis besonders spannend und anschaulich darzustellen, kann auch die Präsensform gewählt werden: ***Ich war gerade auf einer Parkbank eingenickt; da trifft mich plötzlich ein Ball am Kopf.***
- **Zukunft:** Das Futur wird oft durch das Präsens ersetzt:
  Nächste Woche fliege ich nach Amerika. Morgen habe ich schulfrei.
  Das Futur II wird oft durch das Perfekt ersetzt:
  Bis zum Jahresende habe ich das alles erledigt.
- **Zeitenfolge:** Um die Vorzeitigkeit einer Handlung auszudrücken, muss man sich an die Regeln der Zeitenfolge halten:

Geschehen	vorzeitiges Geschehen
Präsens	Perfekt
Präteritum, Perfekt	Plusquamperfekt
Er geht auf den Spielplatz, ***Sie fuhr in die Stadt,***	***wenn er seine Hausaufgaben erledigt hat.*** ***als sie ihre Hausaufgaben erledigt hatte.***

4 **Setzen Sie die Verben in der richtigen Zeitform ein.**

Greta ....ging.... (gehen) völlig in Gedanken die Straße entlang. Die Menschen, die rechts und links an ihr .... (vorbeieilen), ... (sehen) sie nicht. Zu sehr .... (beschäftigen) sie das gestrige Gespräch mit Jan. Was .... (sagen) er da zu ihr ....? „Du .... (sein) wirklich ein toller Kumpel!" Kumpel! Pah! Das .... (wollen) sie nun wirklich nicht für ihn sein! „Wie .... (umgehen) ich von nun an mit ihm ....?", ... (gehen) es ihr durch den Kopf. Automatisch .... (stoppen) sie vor einer Ampel. Ohne aufzusehen .... (überqueren) sie die Straße. Da .... (sehen) sie das Auto auf sich zukommen. Vor lauter Schreck .... (können) sie sich nicht rühren. Im letzten Moment .... (spüren) sie einen Arm, der sie von der Straße .... (reißen).

Konjunktiv und indirekte Rede

REGEL

Im Deutschen gibt es zwei Konjunktivformen, jeweils in **Gegenwart** und **Vergangenheit**.

- Der **Konjunktiv I** wird besonders in der **indirekten Rede** verwendet. ***Sie sagte, sie komme etwas später.***

direkte Rede	indirekte Rede
Er sagte: „Ich bin müde.“	***Er sagte, er sei müde.***
Sie gibt zu: „Ich war müde.“	***Sie gibt zu, sie sei müde gewesen.***

- Den **Konjunktiv II** verwendet man in Konditionalsätzen, sowie, um **Wünsche und Vorstellungen** zu äußern:
  Ich wäre gern dabei. Ich wäre gern dabei gewesen. (= Irrealis)
  Man verwendet ihn aber auch für **höfliche Bitten**:
  Könnten Sie das Fenster schließen?
  Wenn sich die Formen des Konjunktivs I nicht von denen des Indikativs unterscheiden ***(ich habe; sie haben)***, müssen Sie die Formen des Konjunktivs II einsetzen ***(ich hätte, sie hätten)***.
  Manche grammatisch korrekte Formen des Konjunktivs II wirken veraltet oder unverständlich: ***er büke, sie äße, du wüchsest …*** In solchen Fällen umschreiben Sie mit **würde**: ***Er würde backen. Sie würde essen. Du würdest wachsen.***

★ **5 Geben Sie folgende Rede aus einer Schülervertretungssitzung in der indirekten Rede wieder. Achten Sie darauf, wann Sie den Konjunktiv I durch den Konjunktiv II ersetzen müssen.**

Christoph: „Ich habe darüber nachgedacht, für welche Zwecke der Erlös des Schulfestes gespendet werden kann. Ich schlage vor, das Geld der hiesigen Tafel zu geben. Dort bekommen Menschen täglich ein warmes Essen, die es sich selbst nicht mehr leisten können. Ist es nicht schlimm, dass mittlerweile hier bei uns solch eine Armut herrscht? Auch einige Schüler unserer Schule sind bereits auf diese Hilfe angewiesen. Ich halte es für sehr sinnvoll, wenn die Einnahmen dahin fließen. Auch Freiwillige, die die gespendeten Lebensmittel von den Läden abholen, werden immer gebraucht. Stellt doch bitte meinen Vorschlag in euren Klassen vor.“

TIPP

Rettet den Konjunktiv! Der Konjunktiv gehört wie das Futur II und der Genitiv zu den Grammatikformen, die vom Aussterben bedroht sind! Dabei ist die Möglichkeitsform ein sehr wichtiger Modus, signalisiert er doch, dass der Verfasser das, wovon er berichtet, mit Distanz sieht. So ist es ein gar nicht so kleiner Unterschied, ob in einem Bericht steht: „Der Lehrer meint, Peter hat seine Hausaufgaben gemacht.“ oder, ob es heißt: „Der Lehrer meint, Peter habe seine Hausaufgaben gemacht.“

Satzbau, Stil und Sprache

REGEL

Parataxe und Hypotaxe

Komplexe Aussagen werden entweder in mehreren Hauptsätzen **aneinandergereiht** (= **Nebenordnung, Parataxe**), oder es werden **Nebensätze** zum Hauptsatz **hinzugefügt** (= **Unterordnung, Hypotaxe**).

★ **6** **Überprüfen Sie anhand der folgenden Beispiele die Wirkung von (vorwiegend) parataktischen und (vorwiegend) hypotaktischen Texten.**

a) Ein Mann veranstaltete ein großes Gastmahl und lud viele ein. Und zur Stunde des Gastmahls sandte er seinen Knecht, den Eingeladenen zu sagen: Kommt, denn es ist nun bereit! Und alle fingen gleichermaßen an sich zu entschuldigen. (Lukas-Evangelium)

b) Der Schlossvogt, als er fragte, was vorgefallen sei, nahm sogleich das Wort, und während die Hunde, beim Anblick des Fremden, von der einen Seite ein Mordsgeheul gegen ihn anstimmten, und die Ritter ihnen, von der andern, zu schweigen geboten, zeigte er ihm, unter der gehässigsten Einstellung der Sache, an, was dieser Rosskamm [= Pferdehändler], weil seine Rappen ein wenig gebraucht worden wären, für eine Rebellion verführe. (Heinrich von Kleist)

REGEL

Nominalstil

Wenn Nomina (= Substantive) in einem Text überwiegen, spricht man von Nominalstil. Dieser wirkt **trocken, bürokratisch** und **unpersönlich**.

7 **Formulieren Sie um. Vermeiden Sie den Nominalstil.**

a) Wegen der Schließung der Halle ...

....

b) Trotz Hinzufügung von Sonderbestimmungen ...

....

c) Vor der Genehmigung infolge der Beantragung ...

....

d) Bei der Beschlussfassung ist Berücksichtigung der Belastung der Beteiligten anzuraten.

....

Kommunikation und Verständigung

Zwischenmenschliche Kommunikation ist vielschichtig und äußerst komplex, weil oft unterschwellig Dinge mitschwingen, die etwas ganz anderes bedeuten als das, was explizit, also in Worten, ausgedrückt worden ist. So kann die **implizite Botschaft** – darunter versteht man das, was neben dem gesprochenen bzw. geschriebenen Wort sonst noch gemeint ist – auch im Gegensatz zu dem explizit Geäußerten stehen.
Die ersten Kommunikationspsychologen, die die menschliche Kommunikation systematisch untersuchten, stellten bald fest, dass jede Mitteilung neben der offenkundigen Sachinformation immer auch einen Beziehungsaspekt hat, da der Sachinhalt ja stets an einen oder mehrere andere Menschen gerichtet ist. Schnell kann es zu Missverständnissen kommen, wenn beispielsweise eine Äußerung persönlich genommen wird, obwohl sie gar nicht so gemeint war.

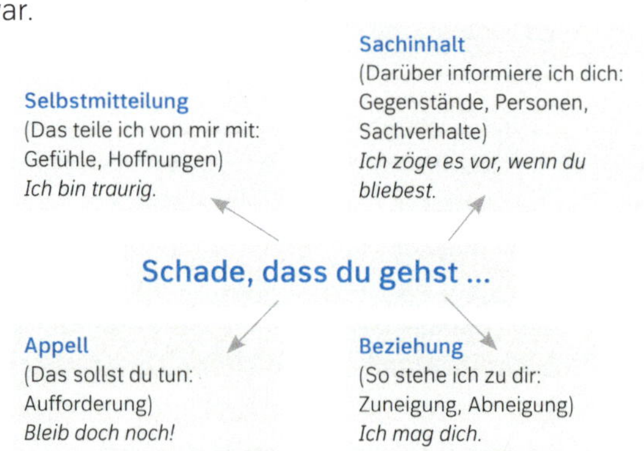

Da menschliche Aussagen fast immer unterschiedlich verstanden werden können, wird Kommunikation schnell schwierig, ohne dass es dafür einen wirklich „Schuldigen“ geben muss. Die moderne Kommunikationspsychologie um den Hamburger Wissenschaftler Friedemann Schulz von Thun hat weiter herausgefunden, dass menschliche Äußerungen neben dem Sach- und dem Beziehungsaspekt fast immer auch eine Selbstmitteilung und einen Appell enthalten. So werden viele scheinbar sachliche Aussagen nur gemacht, um Aufmerksamkeit zu gewinnen und um sich in ein gutes Licht zu rücken; und viele Mitteilungen haben den eigentlichen Zweck, an den anderen zu appellieren und ihn aufzufordern, etwas Bestimmtes zu tun, Mitleid zu empfinden oder Beifall zu klatschen. Das oben abgebildete Schema verdeutlicht diese vier Aspekte menschlicher Kommunikation.

8 **Notieren Sie zu jeder Aussage, auf welcher Ebene (Selbstmitteilung, Appell, Sachinhalt und Beziehung) was gemeint sein könnte.**

a) Nach der Rückgabe der Mathearbeit äußert sich Alex in der Klasse so: „Herr Meier ist doch wirklich das Letzte!“

b) Zu Hause sagt seine Mutter zu ihm: „Da hilft nur Üben!“

9 **Erläutern Sie anhand der Ebenen, worin das Missverständnis liegt.**

a) Der Vater sagt zu seiner Tochter: „Ich gehe jetzt spazieren“.
Die Tochter antwortet: „Ich gehe aber nicht mit.“

b) Herr Müller: „Pass auf, da kommt ein Radfahrer!“
Frau Müller: „Fährst du oder fahre ich?“

Zwischentest

1 Wie lauten die fehlenden grammatikalischen Bezeichnungen? /8

Deutsche Bezeichnung	Lateinische Bezeichnung
Bindewort	
	Konjunktiv
	Futur
Hauptwort	
	Adjektiv
Fürwort	
	Parataxe
	Präposition

2 Fassen Sie den Redeauszug zusammen (Indirekte Rede!) /9

Ich spreche vom Frieden, weil der Krieg ein neues Gesicht bekommen hat. Ein totaler Krieg ist sinnlos in einem Zeitalter, in dem Großmächte umfassende und verhältnismäßig unverwundbare Atomstreitkräfte unterhalten können und sich weigern, zu kapitulieren, ohne vorher auf diese Streitkräfte zurückgegriffen zu haben. [...] Ich spreche daher vom Frieden als dem zwangsläufig vernünftigen Ziel vernünftiger Menschen. Ich bin mir bewusst, dass das Streben nach Frieden nicht so dramatisch ist wie das Streben nach Krieg – und oft treffen die Worte desjenigen, der nach Frieden strebt, auf taube Ohren ...

John F. Kennedy, 1963

3 Vertauschen Sie die Stellung der Satzglieder im folgenden Satz. Formen Sie keinen Fragesatz. Wie wird die Betonung dabei verändert? /3

Ein Kontrolleur fährt täglich von Frankfurt nach Köln im ICE.

4 Beschreiben Sie den Stil des folgenden Textes und formulieren Sie ihn um. /5

In Anbetracht der ständigen Verschmutzung der für die öffentliche Nutzung bereitgestellten Toiletten wird laut Aussage des Gemeinderats nach einer dieses Thema betreffenden Sitzung eine Schließung derselben in Erwägung gezogen.

★ **5 Vergleichen Sie Absicht und Wirkung der folgenden Textabschnitte. Welche Rolle spielt dabei der Satzbau?** /6

a) Es waren zwei Männer in derselben Stadt, der eine reich, der andre arm. Der Reiche hatte sehr viele Schafe und Rinder, aber der Arme hatte nichts als ein einziges kleines Schäflein, [...] und er hielt es wie ein Kind. Da kam einst zu dem reichen Mann ein Gast. Weil es ihn nun reute, von seinen Schafen oder Rindern eins zu nehmen, nahm er das Lamm des armen Mannes und richtete es dem Manne zu.

Zwischentest

b) Ein Wolf fiel in die Schafhürde ein und tötete. Halt, schrie ein Schaf, warum tust du das? Bitte, sagte der Wolf, kann ich anders, ein Wolf? Sicher, rief das Schaf rasch, das ist gerade das Zeichen der Freiheit. Der Wolf besann sich. Gut, sagte er, ich lass es bleiben. Aber auch du sollst frei sein. [...] Bitte mich aus freien Stücken, dich zu fressen.

c) Es war ziemlich spät, gegen elf Uhr, als die Gesellschaft, die sich im Landschaftszimmer noch einmal zusammengefunden hatte, beinahe gleichzeitig aufzubrechen begann. Die Konsulin begab sich, nachdem sie die Handküsse aller in Empfang genommen, in ihre Zimmer hinauf, um nach dem leidenden Christian zu sehen, indem sie die Aufsicht über die Mägde beim Aufräumen des Geschirres an Mamsell Jungmann abtrat.

6 **Nennen und erläutern Sie kurz die fünf Sprachebenen.** /5

7 **Füllen Sie die folgende Tabelle aus (vulgäre Ausdrücke werden in schriftlichen Texten weitgehend vermieden!).** /10

gehoben	normalsprachlich	umgangssprachlich
	Gesicht	
	Ehefrau	
	Kleider	
	Schule	
	schlagen	
	bekommen	
	zusehen	
	sich anstrengen	
	reden	
	sterben	

★ **8** **Skizzieren Sie die vier Ebenen einer Botschaft nach Schulz von Thun und machen Sie deutlich, warum es so leicht zu Missverständnissen kommen kann.** /4

Gesamtpunktzahl /50

Kontrollieren Sie Ihre Ergebnisse mithilfe der Lösungen (S. 132/133) und addieren Sie die erreichten Punkte.

☐ 50 bis 40 Punkte: 🙂 ☐ 39 bis 25 Punkte: 😐 ☐ 24 bis 0 Punkte: 😕

Literaturgeschichte

Vorschau

- Übersicht über alle Epochen der deutschen Literaturgeschichte
- Die wichtigsten Epochen mit Informationen zu Merkmalen, Autoren und Hauptwerken

Literatur und ihre Geschichte – wozu und warum

Für den Deutschunterricht in der Oberstufe ist es wichtig, dass Sie einen Überblick über die deutsche Literaturgeschichte gewinnen. Nur dann können Sie die verschiedenen Autoren und ihre entscheidenden Werke richtig einordnen und vor ihrem jeweiligen historischen Hintergrund verstehen. Zu Ihrer ersten Orientierung finden Sie deshalb auf der nächsten Seite eine auf das Wesentliche begrenzte Übersicht der deutschen Literaturgeschichte, in der die wichtigsten Epochen dargestellt werden. Dabei werden Sie sehen, dass sich da und dort Epochen überschneiden und dass einige wenige Autoren zwei verschiedenen Epochen zugeordnet werden können. Diese Mehrfachnennungen deuten schon darauf hin, dass eine schematische Zuordnung deutliche Grenzen hat: So lässt sich der junge Goethe durchaus als Vertreter des „Sturm und Drang" verstehen, während er später eindeutig als „Klassiker" zu bezeichnen ist. Dennoch hat der späte Goethe manches mit der zeitgleichen „Romantik", zu der er ein distanziertes Verhältnis hatte, gemein.

Auf die Tabelle folgen jeweils auf einer Doppelseite die wichtigsten Abschnitte der deutschen Literaturgeschichte, wobei nach einer kurzen Charakteristik der Epoche und einigen Hinweisen zu allgemeinen gesellschaftspolitischen Tendenzen der Zeit die wichtigsten Autoren und deren bedeutendste Werke genannt werden.

Wenn Sie dadurch neugierig werden sollten, läge dies ganz im Sinne des Verfassers. Denn die hier folgende Kurzfassung kann und soll keine wirklich umfassende Literaturgeschichte ersetzen. Sie sollten aber dadurch angeregt werden, Literatur kennenlernen zu wollen. Denken Sie dabei immer daran, dass die großen Werke der Weltliteratur nicht für den Deutschunterricht geschrieben worden sind, sondern weil sie den Autoren ein inneres Anliegen waren.

Das Zeitalter der Aufklärung (1720 – 1800)

Die Aufklärung war eine gesamteuropäische philosophische Bewegung, die, von England und Frankreich ausgehend, eine neue Denk- und Geisteshaltung propagierte, indem sie alle Glaubenssätze, Meinungen und Traditionen einer kritischen Prüfung unterzog. Dadurch wurden vor allem die Kirchen, insbesondere die katholische, und der absolutistische Staat infrage gestellt. Für den einzelnen Menschen erhofften die Aufklärer so eine Befreiung von Unterdrückung und Bevormundung. Neben diesem Ziel der freien Entfaltung des Individuums forderten sie weiter Toleranz in religiösen Angelegenheiten, politisch den Verfassungsstaat und allgemein Menschlichkeit im sozialen Leben. Für dies alles galt ihnen das Denken als das entscheidende Mittel: Mithilfe des Verstandes sollte alles Gewohnte infrage gestellt werden, mittels der Vernunft hoffte man, neue Normen und Lebensformen begründen zu können.
Die Bewegung der Aufklärung, die in Westeuropa schon im 17. Jahrhundert eingesetzt hatte, erreichte Deutschland erst etwa 1720. Von da an prägte sie aber auch in Mitteleuropa das Geistesleben ganz entschieden und bewirkte gerade in der deutschen Literatur eine grundlegende Neuorientierung, vor allem durch den Dichter, Dramatiker und Theoretiker Gotthold Ephraim Lessing (1729 – 1781). Philosophisch war es insbesondere der Königsberger Gelehrte Immanuel Kant (1724 – 1804), der die Aufklärung vollendete und mit seiner ***Kritik der reinen Vernunft*** (1781) auch überwand.

REGEL

EPOCHENMERKMALE: **Aufklärung**

- ein generelles Vertrauen in die menschliche Vernunft und das Denken
- ein optimistisches Menschenbild, Fortschrittsglaube und Zuversicht
- Kritik an Kirche und Staat; Absolutismus und Dogmatik werden abgelehnt
- Entdeckung der Natur als Idylle und Ort der Empfindsamkeit
- Vertrauen in die Bildungsfähigkeit jedes Menschen
- Aufgabe der Literatur: Aufklären und Belehren
- bevorzugte Gattungen: Dramatik (vor allem in Form des neu entwickelten „Bürgerlichen Trauerspiels"), Gedanken- und Naturlyrik, geistreiche Aufsätze und Abhandlungen, Fabeln, erste Bildungs- und Entwicklungsromane

Bedeutende Aufklärer im Deutschland des 18. Jahrhunderts

- Immanuel Kant (1724 – 1804): Als einer der größten Denker der gesamten Philosophiegeschichte war er überzeugter Aufklärer, der aber auch die Grenzen der Vernunfterkenntnis aufwies.
- Friedrich Gottlob Klopstock (1724 – 1803): Dichter und Wegbereiter neuer lyrischer Ausdrucksformen, der Freiheit und Freundschaft feierte, die Natur besang und von einer Gelehrtenrepublik träumte.
- Gotthold Ephraim Lessing (1729 – 1781): Schuf mit dem Lustspiel ***Minna von Barnhelm***, dem bürgerlichen Trauerspiel ***Emilia Galotti*** und dem Ideendrama ***Nathan der Weise*** die ältesten deutschen Theaterstücke, die bis heute gespielt werden; auch als Autor von Fabeln, philosophischen Abhandlungen und Schriften zur Dramentheorie bedeutsam.

- Christoph Martin Wieland (1733 – 1813): Dichter, Gelehrter, Übersetzer und Herausgeber; schuf mit seiner ***Geschichte des Agathon*** den ersten deutschen Bildungsroman, lebte seit 1772 fast ununterbrochen in Weimar und war durch seine Freundschaft zu Goethe und Schiller wichtiger Wegbereiter der deutschen Klassik.

Gotthold Ephraim Lessing

Über Sinn und Nutzen von Dramenwerken (1767 – 1769)

Die Tragödie ist die Nachahmung einer edlen und abgeschlossenen Handlung von bestimmter Größe in gewählter Rede derart, [...] dass mithilfe von Mitleid und Furcht eine Reinigung von eben diesen Effekten bewerkstelligt wird. [...]
Die Komödie will durch Lachen bessern; aber nicht eben durch Verlachen; nicht gerade diejenigen Unarten, über die sie zu lachen macht, noch weniger bloß und allein die, an welchen sie diese lächerlichen Unarten finden. Ihr wahrer allgemeiner Nutzen liegt in dem Lachen selbst, in der Übung unserer Fähigkeit, das Lächerliche zu bemerken.

Gotthold Ephraim Lessing: Hamburgische Dramaturgie. In: ders., Gesammelte Werke, München 1959, Bd. 2, S. 59 – 64

Christoph Martin Wieland

Über Rechte und Pflichten der Schriftsteller (1785)

Freiheit der Presse ist Angelegenheit und Interesse des ganzen Menschengeschlechtes. Ihr haben wir hauptsächlich die gegenwärtige Stufe von Kultur und Erleuchtung, worauf der größere Teil der Europäischen Völker steht, zu verdanken. Man raube uns diese Freiheit, so wird das Licht, dessen wir uns gegenwärtig erfreuen, bald wieder verschwinden; Unwissenheit wird bald wieder in Dummheit ausarten, und Dummheit uns wieder dem Aberglauben und dem Despotismus Preis geben. Die Völker werden in die Barbarei der finstern Jahrhunderte zurück sinken; und wer sich dann erkühnen wird, Wahrheiten zu sagen, an deren Verheimlichung den Unterdrückern der Menschheit gelegen ist, wird ein Ketzer und Aufrührer heißen, und als ein Verbrecher bestraft werden.
[...] Die Wissenschaften, welche für den menschlichen Verstand das sind, was das Tageslicht für unsere Augen, können und dürfen also, ohne offenbare Verletzung eines unleugbaren Menschen-Rechts, in keine anderen Grenzen eingeschlossen werden als diejenigen, welche uns die Natur selbst gesetzt hat. Alles, was wir wissen können, das dürfen wir auch wissen.

Christoph Martin Wieland: Sämmtliche Werke. Dreyssigster Band, Leipzig 1797, Seite 137 – 139.

TIPP

Zur Literaturgeschichte finden Sie Aufgaben im Einstiegstest und Abschlusstest, vor allem aber im Zwischentest zu diesem Kapitel. Generell lohnenswert ist es, wenn Sie sich zu den genannten Autoren und Werken informieren – und wenn Sie einfach lesen, lesen ...

Sturm und Drang (1765 – 1785)

Unter „Sturm und Drang“ versteht man eine nur etwa zwei Jahrzehnte andauernde geistig-literarische Bewegung junger Dichter und Schriftsteller, die ab etwa 1765 gegen den herrschenden absolutistischen Staat und gegen die bürgerliche Moral energisch protestierten. Sie forderten eine veränderte Gesellschaftsordnung, die nicht länger von einer lebensfeindlichen Moral und starren Ständeschranken bestimmt sein sollte. Besondere Bedeutung hatten für die Stürmer und Dränger Gefühle und Empfindungen, wobei sie in der Naturerfahrung die Quelle von Lebendigkeit und allem Schöpferischen sahen. Ideengeschichtlich schlossen sie sich zwar teilweise an die Aufklärung an, kritisierten aber deren Rationalismus und ihr verengtes Menschenbild, das den Menschen ihrer Meinung nach allzu sehr auf sein Denken beschränkte und das menschliche Gefühlsleben außer Acht ließ. Auch wenn der Bewegung des „Sturm und Drang“ zunächst der politische Erfolg völlig versagt blieb, gab sie dem literarischen Leben in Deutschland vielfältige Impulse, indem sie die folgenden Epochen von der Klassik und Romantik bis hin zu Naturalismus und Expressionismus nachhaltig beeinflusste.

REGEL

EPOCHENMERKMALE: **Sturm und Drang**

- Hochschätzung von Empfindung, Leidenschaft, Sinnlichkeit und Spontaneität
- Subjektivismus und Geniekult
- Leitidee: Befreiung des Individuums von gesellschaftlichen Schranken, um die Selbsterfahrung und Selbstverwirklichung des Einzelnen zu ermöglichen
- leidenschaftliche Ablehnung von starren Regeln und moralischen Konventionen
- vehemente, oft pauschale Gesellschafts- und Kulturkritik
- Überhöhung von Natur und Natürlichkeit als Mittel zur Erlösung von der traditionellen „unnatürlichen“ Gesellschaftsordnung
- bevorzugte Gattungen: das Drama, besonders die Tragödie, die dem leidenschaftlichen Lebensgefühl der Epoche am meisten entspricht; Neigung zum Autobiografischen; Lyrik in Ballade, Hymne und Lied als Ausdruck persönlich-subjektiven Erlebens
- stark emotional-überschwängliche, oft auch pathetische Sprache
- großes Interesse an früher Dichtung und Volksdichtung nicht nur der deutschen Literatur

Bedeutende Vertreter des Sturm und Drang

- Johann Gottfried Herder (1744 – 1803): Bedeutender Dichter und Denker, der bei Kant studierte, dennoch vor allem den Eigenwert des Gefühllebens betonte, und als Sprach- und Geschichtsphilosoph großen Einfluss auf Mit- und Nachwelt hatte.
- Der junge Goethe (1749 – 1832): Früh von Herder beeinflusst, wurde er schnell zum führenden Kopf der jungen Bewegung und gab ihr wegweisende Impulse in Lyrik, Dramatik und Epik mit seinen ***Sesenheimer Liedern*** über Liebe und Natur (1770/71) und der Hymne ***Prometheus***, seinem kraftvollen Schauspiel ***Götz von Berlichingen*** (1773) und seinem Briefroman ***Die Leiden des jungen Werthers***, der Goethe auf einen Schlag in ganz Europa berühmt machte.

- Der junge Schiller (1759 – 1805): Durch sein erstes Drama ***Die Räuber*** wurde der damals gerade 22-jährige Schiller über Nacht bekannt. Idealistischer Überschwang und mitreißende Leidenschaftlichkeit machten auch sein 1784 uraufgeführtes Schauspiel ***Kabale und Liebe*** zu einem großen Bühnenerfolg, der bis heute anhält.

Johann Gottfried Herder

Journal meiner Reise im Sommer 1769

Gott! was verliert man, in gewissen Jahren, die man nie wieder zurückhaben kann, durch gewaltsame Leidenschaften, durch Leichtsinn, durch Hinreißung in die Laufbahn des Hazards[1].

Ich beklage mich, ich habe gewisse Jahre von meinem menschlichen Leben verloren. Und lag's nicht bloß an mir, sie zu genießen? Bot mir nicht das Schicksal selbst die ganze fertige Anlage dazu dar? [...] Ich wäre nicht ein Tintenfass von gelehrter Schriftstellerei, nicht ein Wörterbuch von Künsten und Wissenschaften geworden, die ich nicht gesehen habe und nicht verstehe: Ich wäre nicht ein Repositorium[2] voll Papiere und Büchern geworden, das nur in die Studierstube gehört.

Johann Gottfried Herder: Sämtliche Werke. Hrsg.: Bernhard Suphan. 4. Bd., Berlin 1878, S. 345 ff.

1 Zufall, Glücksspiel 2 Lager, Aufbewahrungsort

Johann Wolfgang von Goethe

Die Leiden des jungen Werthers (1774)

Und weil ich so viel mit mir selbst zu tun habe und dieses Herz so stürmisch ist – ach, ich lasse gern die andern ihres Pfades gehen, wenn sie mich nur auch könnten gehen lassen.

Was mich am meisten neckt, sind die fatalen bürgerlichen Verhältnisse. Zwar weiß ich so gut als einer, wie nötig der Unterschied der Stände ist, wie viel Vorteile er mir selbst verschafft: nur soll er mir nicht eben selbst im Wege stehen, wo ich noch ein wenig Freude, einen Schimmer von Glück auf dieser Erde genießen könnte. [...]

Man möchte rasend werden, Wilhelm, dass es Menschen geben soll ohne Sinn und Gefühl an dem wenigen, was auf Erden noch einen Wert hat. Du kennst die Nussbäume, unter denen ich bei dem ehrlichen Pfarrer zu St. ... mit Lotten gesessen, die herrlichen Nussbäume! die mich, Gott weiß, immer mit dem größten Seelenvergnügen füllten! Wie vertraulich sie den Pfarrhof machten, wie kühl! Und wie herrlich die Äste waren! [...] Ich sage Dir, dem Schulleiter standen die Tränen in den Augen, da wir gestern davon redeten, dass sie abgehauen werden – Abgehauen! Ich möchte toll werden, ich könnte den Hund erschießen, der den ersten Hieb dran tat.

Johann Wolfgang von Goethe: Die Leiden des jungen Werthers, Reclam, Stuttgart 1976, S. 73, 94.

TIPP

Je älter ein literarisches Werk ist, desto ungewöhnlicher sind mitunter Wortschatz und Satzbau. Informieren Sie sich zu Wortbedeutung und -geschichte, wenn Sie etwas nicht verstehen.

Die Weimarer Klassik (1786 – 1832)

Als „Klassik“ bezeichnet man in der deutschen Literaturgeschichte die fast ausschließlich von Goethe und Schiller geprägte Epoche, die in der engen Zusammenarbeit der beiden „Dichterfürsten“ von 1794 bis zu Schillers Tod 1805 ihren Höhepunkt hatte und im thüringischen Weimar ihre Heimstätte fand. Weiter gefasst, begann die Weimarer Klassik mit Goethes Italienischer Reise 1786 und endete erst mit seinem Tod 1832.
Ziel der Klassik war die harmonische Entfaltung des Menschen durch eine Verbindung von Denken und Gefühl, von Pflicht und Neigung, Sinnlichkeit und Ideal. Schiller und Goethe hofften, dass Dichtung und Kunst zu einer dauerhaften Veredlung des menschlichen Charakters und seines ganzen Wesens beitragen können. Hierfür orientierten sie sich an der klassischen Antike Griechenlands und Roms, die ihnen Maßstab und Vorbild für das eigene künstlerische Schaffen war.
Dieses Bestreben fand seinen Niederschlag in einer Dichtkunst, die sich durch harmonisches Maß, Formtreue und einen ebenmäßigen Rhythmus auszeichnete. Die eigentliche Humanität hofften Goethe und Schiller dadurch zu erreichen, dass der Mensch durch Anschauung des in sich stimmigen Schönen zum Wahren und Guten findet.

REGEL

EPOCHENMERKMALE: Klassik

- Hochschätzung von Ausgewogenheit und Balance zwischen den Gegensätzen
- Ablehnung alles Überspannten und Widersprüchlichen
- Integrierung von Natur und Sinnlichkeit in eine von der Vernunft gelenkte Lebensführung
- Leitidee: Veredlung des allseits gebildeten Menschen durch die Kunst
- Aufgabe der Kunst: Sie soll das Schöne vollendet zur Darstellung bringen und so den Menschen zugleich erfreuen und bilden
- strikte Beachtung von Regeln, Formen und Rhythmen in der Dichtkunst
- innerer und äußerer Abstand zu Politik und Gesellschaft, die als nur langfristig veränderbar angesehen werden
- bevorzugte Gattungen: Klassisches Drama; Gedanken- und Naturlyrik; Novellen
- abgeklärte, harmonisierend wirkende, wohltönende Sprache
- großes Interesse an früheren klassischen Epochen in der Geschichte, vor allem am antiken Griechenland und an der italienischen Renaissance

Bedeutende Vertreter der Klassik

- Johann Wolfgang von Goethe (1749 – 1832): Nach seiner Sturm- und Drang-Phase sucht Goethe seit etwa 1780 nach Mitte und Maß, um Extreme künftig zu meiden. Dies gelingt ihm in einer seltenen Lebenskunst, die sich auch in seinen vollendeten literarischen Werken spiegelt. Dabei erweist er sich in Lyrik, Dramatik und Epik als überragender Dichter und Denker, der mit seinem ***Faust***, dem ***Wilhelm Meister*** und seinen Gedichten Weltgeltung erlangt.
- Friedrich Schiller (1759 – 1805): Durch die von ihm initiierte Freundschaft zu Goethe verwandelt sich auch Schiller zu dem nach Harmonie und Maß strebenden Klassiker, dessen Dramen (***Don Karlos***; ***Die Jungfrau von Orleans***; ***Wilhelm Tell***), Gedichte (***Die Bürgschaft***; ***Die Glocke***) und philosophische Abhandlungen zu den Gipfelpunkten der deutschen Literatur zählen.

Weitere wichtige Dichter und Denker im Umfeld der Klassik:

- Friedrich Hölderlin (1770 – 1843)
- Heinrich von Kleist (1777 – 1811)

Johann Wolfgang von Goethe

Natur und Kunst (1800)

Natur und Kunst, sie scheinen sich zu fliehen
Und haben sich, eh man es denkt, gefunden;
Der Widerwille ist auch mir verschwunden,
Und beide scheinen gleich mich anzuziehen.

Es gilt wohl nur ein redliches Bemühen!
Und wenn wir erst in abgemessnen Stunden
Mit Geist und Fleiß uns an die Kunst gebunden,
Mag frei Natur im Herzen wieder glühen.

So ist's mit aller Bildung auch beschaffen:
Vergebens werden ungebundne Geister
Nach der Vollendung reiner Höhe streben.

Wer Großes will, muss sich zusammenraffen;
In der Beschränkung zeigt sich erst der Meister,
Und das Gesetz nur kann uns Freiheit geben.

Goethes Werke. Hrsg.: Erich Trunz, Hamburg 1960, Bd. 1. S. 40

Friedrich Schiller

Die Worte des Glaubens (1798)

Drei Worte nenn ich euch, inhaltsschwer,
Sie gehen von Mund zu Munde,
Doch stammen sie nicht von außen her,
Das Herz nur gibt davon Kunde.
Dem Menschen ist aller Wert geraubt,
Wenn er nicht mehr an die drei Worte glaubt.

Der Mensch ist frei geschaffen, ist frei,
Und würd er in Ketten geboren;
Lasst euch nicht irren des Pöbels Geschrei,
Nicht den Missbrauch rasender Toren.
Vor dem Sklaven, wenn er die Kette bricht,
Vor dem freien Menschen erzittert nicht!

Und die Tugend, sie ist kein leerer Schall,
Der Mensch kann sie üben im Leben,
Und sollt er auch straucheln überall,
Er kann nach der göttlichen streben,
Und was kein Verstand der Verständigen sieht,
Das übet in Einfalt ein kindlich Gemüt.

Und ein Gott ist, ein heiliger Wille lebt,
Wie auch der menschliche wanke,
Hoch über der Zeit und dem Raume webt
Lebendig der höchste Gedanke;
Und ob alles in ewigem Wechsel kreist,
Es beharret im Wechsel ein ruhiger Geist.

Die drei Worte bewahret euch, inhaltsschwer,
Sie pflanzet von Munde zu Munde,
Und stammen sie gleich nicht von außen her,
Euer Innres gibt davon Kunde.
Dem Menschen ist nimmer sein Wert geraubt,
Solang er noch an die drei Worte glaubt.

Friedrich Schiller: Gesammelte Werke. Hrsg.: H.-G. Thalheim, Berlin (Ost) 1980, Bd.1, S. 436

Die Romantik (1795 – 1835)

Gegen Ende des 18. Jahrhunderts waren der Optimismus und der Fortschrittsglaube der Aufklärung verflogen, die Französische Revolution war durch Terror und Krieg beschmutzt und die Ideale der Weimarer Klassik erschienen lebensfern und abstrakt. In dieser Zeit, als auch schon die Industrielle Revolution ihre Schatten voraus warf und eine erste Technisierung einsetzte, sehnten sich die Vertreter einer neuen Generation nach einer vergangenen Welt zurück, die sie idealisierten und verklärten.
Ihr Ziel war es nicht mehr, die Welt zu analysieren und intellektuell zu verstehen. Vielmehr wollten sie die Welt „poetisieren" und „romantisieren". Diese ersehnte „Wiederverzauberung der Welt" war nicht zuletzt eine Reaktion auf die Krisenerfahrungen in der Zeit der napoleonischen Kriege. Die Romantik war aber mehr als nur eine bloße Flucht vor der Wirklichkeit, denn ihre Vertreter pflegten auch das gesellige Leben und Freundschaftsbündnisse, in denen sie sich austauschten und intensiv miteinander kommunizierten. Zudem haben sie der Nachwelt unschätzbare Dienste dadurch getan, dass sie mündlich überliefertes altes Volksgut wie Märchen, Lieder und Geschichten aufgezeichnet und so vor dem Vergessen bewahrt haben.

REGEL

EPOCHENMERKMALE: Romantik

- unerfüllbare Sehnsucht als zentrales Gefühl und Motiv
- besondere Bedeutung der Nacht (Mondschein) und des Dunklen, aber auch des Wunderbaren
- Einbeziehung von Traumwelt, Einbildungen und Unbewusst-Dämonischem
- idyllische Verklärung von Natur und einfachem Volkstum
- Leitidee: Erlösung des Menschen durch Kunst, Musik und Religion
- Aufgabe der Kunst: Sie soll die Welt romantisieren und so für den leidenden Menschen erträglich machen.
- Aufgabe der Formstrenge; Bevorzugung von ungebundenen offenen Formen wie dem Fragment (= Bruchstück)
- nur begrenztes Interesse an Politik und Gesellschaft bei einer in der Regel konservativen Gesinnung
- bevorzugte Gattungen: Gedichte, Hymnen und Lieder; Märchen und fantastische Erzählungen; Sagen, Legenden und alte Geschichten
- abgründige, vielschichtige, bildhafte Sprache
- Liebe zur Heimat und zu weit zurückliegenden Zeitaltern wie dem Mittelalter, dem vorklassischen Griechenland und der altindischen Zeit.

Bedeutende Vertreter der Romantik

- Novalis (1772 – 1801): Eigentlich Friedrich Freiherr von Hardenberg, der früh verstorbene führende Kopf der Frühromantik, der auch als Philosoph und Bergbauingenieur hervortrat, ansonsten aber als Dichter (***Hymnen an die Nacht***) und Erzähler (in seinem ***Heinrich von Ofterdingen*** erscheint die „Blaue Blume", das bekannteste Symbol der Romantik) überragende Bedeutung hatte.

- Bettina von Arnim (1785 – 1859): Wichtige Dichterin und Schriftstellerin der Romantik, die auch für die Armen und die Gleichstellung der Frau eintrat.
- Brüder Grimm (Jakob 1785 – 1863 und Wilhelm 1786 – 1859): Sprachwissenschaftler und Sammler von Märchen (***Grimms Märchen***), Begründer der Germanistik als Wissenschaft und Liebhaber der deutschen Sprache.
- Joseph von Eichendorff (1788 – 1857): Bedeutender Lyriker, dessen zahlreiche Gedichte sehr oft vertont wurden, und Erzähler (***Aus dem Leben eines Taugenichts***).
- Gebrüder Schlegel (August Wilhelm, 1767 – 1845, und Friedrich, 1772 – 1829): Literaturhistoriker und Übersetzer, Kunstkritiker und Kulturphilosophen, die sich auch besonders mit den indischen Weisheitslehren beschäftigten

Novalis

Wenn nicht mehr Zahlen und Figuren (1800)

Wenn nicht mehr Zahlen und Figuren
Sind Schlüssel aller Kreaturen
Wenn die, so singen oder küssen,
Mehr als die Tiefgelehrten wissen,
Wenn sich die Welt ins freie Leben
Und in die Welt wird zurückbegeben,
Wenn dann sich wieder Licht und Schatten
Zu echter Klarheit wieder gatten,
Und man in Märchen und Gedichten
Erkennt die wahren Weltgeschichten,
Dann fliegt vor einem geheimen Wort
Das ganze verkehrte Wesen fort.

Novalis: Schriften. Hrsg.: Paul Kluckhohn und Richard Samuel. Kohlhammer, Stuttgart 1977, Bd. 1, S. 344.

Bettina von Arnim

Auf diesem Hügel (1840)

Auf diesem Hügel überseh ich meine Welt!
Hinab ins Tal, mit Rasen sanft begleitet,
Vom Weg durchzogen, der hinüber leitet,
Das weiße Haus inmitten aufgestellt,
Was ist's, worin sich hier der Sinn gefällt?

Auf diesem Hügel überseh ich meine Welt!
Erstieg ich auch der Länder steilste Höhen,
Von wo ich könnt die Schiffe fahren sehen
Und Städte fern und nah von Bergen stolz umstellt,
Nichts ist's, was mir den Blick gefesselt hält.

Auf diesem Hügel überseh ich meine Welt!
Und könnt ich Paradiese überschauen,
Ich sehnte mich zurück nach jenen Auen,
Wo Deines Daches Zinne meinem Blick sich stellt,
Denn der allein umgrenzet meine Welt.

Lyrik der Romantik, München 1986, S. 97

Biedermeier und „Junges Deutschland“ (1815 – 1848)

Mit dem Ende der napoleonischen Kriege begann in Mitteleuropa die Zeit der „Restauration“, in der der Kaiser, die Könige und Fürsten versuchten, die alte monarchische Ordnung wiederherzustellen und die Errungenschaften der Französischen Revolution vergessen zu machen. Viele Dichter und Denker resignierten angesichts des reaktionären „Systems Metternich“, das mit polizeistaatlichen Mitteln das Geistesleben einschnürte, und zogen sich in ihr Privatleben zurück. Diese „Biedermeierkultur“ übte „holdes Bescheiden“ (Eduard Mörike) und richtete sich in ihrer kleinbürgerlichen Idylle behaglich ein.
Gegen die Restauration wandte sich der engagierte Protest des „Jungen Deutschland“, einer Gruppe liberal gesinnter junger Dichter und Schriftsteller, die sich für Freiheit und Sozialismus, für Fortschritt und Veränderung einsetzten. Diese Richtung wird auch als „Vormärz“ bezeichnet, da sie in der Zeit vor der Märzrevolution 1848 wirksam war.

REGEL

EPOCHENMERKMALE: **Biedermeierkultur**
- Heimatverbundenheit und Patriotismus
- Pflege der Traditionen in Religion und Gesellschaft
  – „Andacht zum Kleinen“ (Adalbert Stifter)
- Besinnung und Beschränkung auf das private Glück
- bevorzugte Gattungen: kleine Formen wie kurze Erzählungen, Stimmungsbilder, Skizzen, kurze Gedichte

„Junges Deutschland“ und „Vormärz“
- scharfe, oft spöttisch-satirische Zeit- und Gesellschaftskritik
- materialistisch-atheistische Grundhaltung
- Ziel: Aufklären und Belehren; Aufruf zu Protest und Kampf
- bevorzugte Formen: Prosa und Zeitungsartikel

Bedeutende Vertreter in der Zeit der Restauration

- Eduard Mörike (1804 – 1875): Schwäbischer Dichter und Erzähler, der seine Heimat liebevoll-hintergründig verklärte und in sich vollendete zeitlos-schöne Gedichte schrieb, die bis heute Bestand haben.
- Adalbert Stifter (1805 – 1868): Großer österreichischer Epiker des Biedermeier, der in seinen Erzählungen und Romanen zu echter Menschlichkeit erziehen wollte, indem er das in Selbstbescheidung und Andacht gelebte Dasein als wahrhaft groß darstellte.
- Heinrich Heine (1797 – 1858): Bedeutendster Kopf des „Jungen Deutschland“, das er jedoch weit überragte; seine Poesie ist mal geistreich-spöttisch, mal tiefgründig-melancholisch.
- Georg Büchner (1813 – 1837): Jung verstorbener genialer Dramatiker und revolutionärer Schriftsteller des „Vormärz“, dessen Schauspiele (***Dantons Tod***; ***Leonce und Lena***; ***Woyzeck***) erst lange nach seinem Tod wirklich entdeckt wurden und die wegen ihrer Modernität heute zu den meistgespielten deutschen Bühnenwerken überhaupt zählen.

Adalbert Stifter

Sanftes Gesetz (1853)

Das Wehen der Luft, das Rieseln des Wassers, das Wachsen der Getreide, […], das Schimmern der Gestirne halte ich für groß: das prächtig einher ziehende Gewitter, […], das Erdbeben, welches Länder verschüttet, halte ich nicht für größer als obige Erscheinungen, ja ich halte sie für kleiner, weil sie nur Wirkungen viel höherer Gesetze sind. […] So wie es in der äußeren Natur ist, so ist es auch in der inneren, in der des menschlichen Geschlechtes. Ein ganzes Leben voll Gerechtigkeit, Einfachheit, Bezwingung seiner selbst, Verstandesmäßigkeit, Wirksamkeit in seinem Kreis, Bewunderung des Schönen, verbunden mit einem heiteren gelassenen Sterben, halte ich für groß: mächtige Bewegungen des Gemütes, furchtbar einher rollenden Zorn, die Begier nach Rache, den entzündeten Geist, der nach Tätigkeit strebt, umreißt, ändert, zerstört und in der Erregung oft das eigene Leben hinwirft, halte ich nicht für größer, sondern für kleiner, da diese Dinge so gut nur Hervorbringungen einzelner und einseitiger Kräfte sind, wie Stürme, Feuer speiende Berge, Erdbeben. Wir wollen das sanfte Gesetz zu erblicken suchen, wodurch das menschliche Geschlecht geleitet wird.

Adalbert Stifter: Vorrede zu „Bunte Steine". Hrsg.: M. Stefl. Bd. 9, Darmstadt 1963, S. 5 f.

Heinrich Heine

Das Fräulein stand am Meere (1832)

Das Fräulein stand am Meere
Und seufzte lang und bang,
Es rührte sie so sehre
Der Sonnenuntergang.

Mein Fräulein! Sein Sie munter,
Das ist ein altes Stück;
Hier vorne geht sie unter
Und kehrt von hinten zurück.

Zit. nach: Karl Otto Conrady: Das große deutsche Gedichtbuch. o. O. 1977, S. 473.

Georg Büchner

Aus dem Hessischen Landboten (1834)

Friede den Hütten! Krieg den Palästen! Im Jahre 1834 siehet es aus, als würde die Bibel Lügen gestraft. Es sieht aus, als hätte Gott die Bauern und Handwerker am fünften Tage und die Fürsten und Vornehmen am sechsten gemacht, und als hätte der Herr zu diesen gesagt: „Herrschet über alles Getier, das auf Erden kriecht", und hätte die Bauern und Bürger zum Gewürm gezählt. Das Leben der Vornehmen ist ein langer Sonntag: sie wohnen in schönen Häusern, sie tragen zierliche Kleider, sie haben feiste Gesichter und reden eine eigne Sprache; das Volk aber liegt vor ihnen wie Dünger auf dem Acker. Der Bauer geht hinter dem Pflug, der Vornehme aber geht hinter ihm und dem Pflug und treibt ihn mit den Ochsen am Pflug, er nimmt das Korn und lässt ihm die Stoppeln. Das Leben des Bauern ist ein langer Werktag; Fremde verzehren seine Äcker vor seinen Augen, sein Leib ist eine Schwiele, sein Schweiß ist das Salz auf dem Tische des Vornehmen.

Georg Büchner: Lenz. Der Hessische Landbote. Reclam, Stuttgart 1977, S. 37 f.

Realismus und Naturalismus (1850 – 1900)

Nach der gescheiterten Revolution von 1848/49 hatten sich die Hoffnungen des aufgeklärten deutschen Bürgertums in Nichts aufgelöst. In wirtschaftlich-technischer Hinsicht setzte nun allerdings, bedingt durch die Industrialisierung, ein rasanter gesellschaftlicher Wandel ein, in dessen Verlauf die Arbeiterklasse eine immer wichtigere Rolle spielte. Literarisch wurde die Zeit seit 1850 vor allem durch den „poetischen Realismus" bestimmt, der die konservative Romantik ebenso ablehnte wie die revolutionäre Dichtung des „Vormärz". Dem Realismus ging es um eine wirklichkeitsgetreue Darstellung des Lebens, die jedoch durch die künstlerische Gestaltungskraft des Schriftstellers „poetisch" verwandelt werden durfte.
Gegen diese Tendenz der Verklärung einer oft alles andere als angenehmen sozialen Wirklichkeit wendeten sich die Anhänger des „Naturalismus", die seit etwa 1880 daran gingen, die gesellschaftliche Realität gänzlich ungeschminkt darzustellen, indem sie auch das Hässliche und das Elend vor allem der unterprivilegierten Schichten öffentlich zur Sprache brachten.

REGEL

EPOCHENMERKMALE: Poetischer Realismus
- präzise detailgetreue Wiedergabe der Wirklichkeit
- Beschreibung auch der Innenwelt und der Gefühle der Protagonisten („psychologischer Realismus")
- keine Kritik an der Gesellschaft, die durch die Kunst verwandelt werden soll
- bevorzugte Gattungen: Prosa, vor allem Erzählungen und Romane; Lyrik

Naturalismus
- gesellschaftskritische, von den Naturwissenschaften beeinflusste Grundhaltung
- engagierter Protest gegen Massenelend und soziale Missstände
- detaillierte Darstellung auch des Abstoßenden (wie z. B. von Kriminalität, Prostitution, Ausbeutung und Alkoholismus) unter Benutzung von Dialekt- und Soziolektsprachen
- Ziel: Sensibilisierung der Öffentlichkeit für die Situation der Unterschichten
- bevorzugte Formen: Dramen, Prosalyrik.

Bedeutende Vertreter von Realismus und Naturalismus

- Gottfried Keller (1819 – 1890): Großer Schweizer Erzähler und Lyriker des bürgerlichen Realismus; einige seiner Novellen (z. B. ***Kleider machen Leute***) erlangten Weltruhm.
- Theodor Fontane (1819 – 1898): Wichtigster deutscher Repräsentant des poetischen Realismus, gleichermaßen als Balladendichter wie als Erzähler bedeutend; sein Roman ***Effi Briest*** zählt unbestritten zur Weltliteratur.
- Gerhart Hauptmann (1862 – 1946): Bereits in jungen Jahren geistiger Kopf des Naturalismus, dessen bedeutendste Theaterstücke (vor allem: ***Die Weber***, 1892, ***Der Biberpelz***, 1893) er verfasste; nach der Jahrhundertwende bezog er andere Stilrichtungen in sein literarisches Schaffen mit ein und galt mehrere Jahrzehnte im In- und Ausland als der Repräsentant deutscher Literatur schlechthin.

Theodor Fontane

Was verstehen wir unter Realismus? (1853)

Vor allen Dingen verstehen wir *nicht* darunter das nackte Wiedergeben alltäglichen Lebens, am wenigsten seines Elends und seiner Schattenseiten. Traurig genug, dass es nötig ist, derlei sich von selbst verstehende Dinge noch erst versichern zu müssen. Aber es ist noch nicht allzu lange her, dass man (namentlich in der Malerei) Misere mit Realismus verwechselte und bei Darstellung eines sterbenden Proletariers, den hungernde Kinder umstehen, oder gar bei Produktionen jener sogenannten Tendenzbilder (schlesische Weber, das Jagdrecht u. dgl. m.) sich einbildete, der Kunst eine glänzende Richtung vorgezeichnet zu haben. Diese Richtung verhält sich zum echten Realismus wie das rohe Erz zum Metall: die Läuterung fehlt. Wohl ist das Motto des Realismus der Goethesche Zuruf:

Greif nur hinein ins volle Menschenleben,
Wo du es packst, da ist's interessant,

aber freilich, die Hand, die diesen Griff tut, muss eine künstlerische sein. Das Leben ist doch immer nur der Marmorsteinbruch, der den Stoff zu unendlichen Bildwerken in sich trägt; sie schlummern darin, aber nur dem Auge des Geweihten sichtbar und nur durch seine Hand zu erwecken. Der Block an sich, nur herausgerissen aus einem größeren Ganzen, ist noch kein Kunstwerk, und dennoch haben wir die Erkenntnis als einen unbedingten Fortschritt zu begrüßen, dass es zunächst des Stoffes, oder sagen wir lieber des Wirklichen, zu allem künstlerischen Schaffen bedarf.

Zit. nach: Andreas Huyssen (Hrsg.): Die deutsche Literatur in Text und Darstellung. Bd. 11. Bürgerlicher Realismus. Stuttgart: 1977, S. 56 f.

Gottfried Keller

Abendlied (1879)

Augen, meine lieben Fensterlein,
Gebt mir schon so lange holden Schein,
Lasset freundlich Bild um Bild herein:
Einmal werdet ihr verdunkelt sein!

Fallen einst die müden Lider zu,
Löscht ihr aus, dann hat die Seele Ruh',
Tastend streift sie ab die Wanderschuh',
Legt sich auch in ihre finstre Truh'.

Noch zwei Fünklein sieht sie glimmend stehn
Wie zwei Sternlein, innerlich zu sehn,
Bis sie schwanken und dann auch vergehn,
Wie von eines Falters Flügelwehn.

Doch noch wandl' ich auf dem Abendfeld,
Nur dem sinkenden Gestirn gesellt;
Trinkt, O Augen, was die Wimper hält,
Von dem goldnen Überfluss der Welt!

Zit. nach: Karl Otto Conrady: Das große deutsche Gedichtbuch. o. O. 1977, S. 535.

Impressionismus, Symbolismus und Expressionismus (1885 – 1925)

Die Zeit des ausgehenden 19. Jahrhunderts und der Beginn des mit großen Zukunftserwartungen begrüßten neuen Jahrhunderts war in der deutschen Literatur ebenso wie in der Kunst allgemein eine sehr lebendige und vielgestaltige Epoche, die eine Reihe neuer Stilrichtungen hervorbrachte: Parallel und in ausdrücklichem Gegensatz zum Naturalismus entwickelte sich in der Malerei und in der Dichtung zunächst der Impressionismus, der besonderen Wert auf die Eindrücke legte, die der Mensch in der Welt macht und die er mithilfe der Kunst zu verarbeiten sucht. Dabei kam es den Impressionisten nicht mehr darauf an, die Realität möglichst detailgetreu nachzubilden, sondern darauf, sie subjektiv zu gestalten und dabei die eigene Innenwelt mit einzubringen.
Ähnlich setzten sich auch die Symbolisten von Realismus, Naturalismus und den ganz auf Objektivität ausgerichteten Naturwissenschaften ab. Sie suchten im Symbol ein treffendes Sinnbild für Vorgänge und Eindrücke, die wiederum stark subjektiv geprägt waren. Damit sollte eine höhere Wirklichkeit geahnt oder neu geschaffen werden, die über die materielle Sinnenwelt hinausgeht.
Gegen diese symbolische Wirklichkeitsüberhöhung richtete sich der Expressionismus, der sich auch von dem selbstgefälligen Bürgertum des Wilhelminischen Kaiserreichs angeekelt abwandte. Angesichts der Krisenerfahrungen in der Zeit vor, während und nach dem Ersten Weltkrieg (1914 – 1918) brachen die Expressionisten radikal mit den überlieferten Formen und Normen.

REGEL

EPOCHENMERKMALE: Impressionismus und Symbolismus
- nuancenreiche Wiedergabe von persönlichen Eindrücken (frz.: ***impressions***), die durch den Künstler gesteigert und im Symbolismus zum Sinnbild verdichtet werden
- subjektive Stimmungsbilder und Momentaufnahmen
- mithilfe von Kunst und Literatur soll eine schöne Gegenwelt geschaffen werden
- Gesellschaftskritik spielt, wenn überhaupt, nur eine geringe Rolle
- bevorzugte Gattungen: Kürzere Texte wie vor allem Gedichte (in ganz neuen literarischen Formen), Essays, Prosaskizzen und Einakter

Expressionismus
- lautstarker Ausdruck der eigenen Innenwelt und der eigenen Befindlichkeit
- Ausbruch aus allen bürgerlichen Konventionen und Schrei nach innerer Wahrheit und eigentlichem Leben, Suche nach Brüderlichkeit und Lebensgemeinschaft
- apokalyptische Endzeitvisionen und Erlösungssehnsucht
- Rolle der Kunst und des Künstlers: Prophet und Künder einer neuen besseren Welt
- bevorzugte Formen: Lyrik, Erzählungen

Bedeutende Vertreter dieser Epoche

- Hugo von Hofmannsthal (1874 – 1929): Äußerst vielseitiger österreichischer Lyriker, Dramatiker, Erzähler und Essayist sowie bedeutender Vertreter des Symbolismus.
- Rainer Maria Rilke (1875 – 1926): Hochsensibler Dichter, der sich nach impressionistischen Anfängen dem Symbolismus zuwandte und mit seinen späten Gedichten in der deutschen Lyrik ganz neue und so nicht wieder erreichte Ausdrucksformen des Fühlens und Sagens erschloss.
- Franz Kafka (1883 – 1924): Prager Versicherungsangestellter und Schriftsteller, der mit seinen Erzählungen und Romanen (u. a. ***Das Urteil***, 1912, ***Die Verwandlung***, 1915, ***Der Prozess***, 1925) zu Weltruhm gelangte und in einzigartiger Weise die nicht greifbare „Schuld" des Einzelnen beschrieben hat, der sich übermächtigen fremden Instanzen schutzlos und unentrinnbar ausgeliefert sieht.
- Georg Heym (1887 – 1912): Sprachlich und an Ausdruckskraft überlegener Dichter des frühen Expressionismus, den er mit seinen Schreckensvisionen und Kriegsahnungen entscheidend mitprägte.
- Georg Trakl (1887 – 1914): Hochbegabter und schon zu Beginn des Ersten Weltkriegs verstorbener österreichischer expressionistischer Lyriker, der zugleich dem Symbolismus nahestand und der in seinen Gedichten vor allem Tod und Verfall thematisierte.

Rainer Maria Rilke

Herbst (1902)

Die Blätter fallen, fallen wie von weit,
als welkten in den Himmeln ferne Gärten;
sie fallen mit verneinender Gebärde.

Und in den Nächten fällt die schwere Erde
aus allen Sternen in die Einsamkeit.

Wir alle fahren. Diese Hand da fällt.
Und sieh dir andre an: es ist in allen.

Und doch ist Einer, welcher dieses Fallen
Unendlich sanft in seinen Händen hält.

Rainer Maria Rilke: Werke. Insel Verlag, Wiesbaden 1955, S. 156.

Franz Kafka

Gibs auf! (1922)

Es war sehr früh am Morgen, die Straßen rein und leer, ich ging zum Bahnhof. Als ich eine Turmuhr mit meiner Uhr verglich, sah ich, dass es schon viel später war, als ich geglaubt hatte, ich musste mich sehr beeilen, der Schrecken über diese Entdeckung ließ mich im Weg unsicher werden, ich kannte mich in dieser Stadt noch nicht sehr gut aus, glücklicherweise war ein Schutzmann in der Nähe, ich lief zu ihm hin und fragte ihn atemlos nach dem Weg. Er lächelte und sagte: „Von mir willst du den Weg erfahren?" „Ja", sagte ich, „da ich ihn selbst nicht finden kann." „Gibs auf, gibs auf", sagte er und wandte sich mit einem großen Schwunge ab, so wie Leute, die mit ihrem Lachen allein sein wollen.

Franz Kafka: Sämtliche Erzählungen. Hrsg.: Paul Raabe, S. Fischer Verlag Frankfurt a. M. 1970, S. 320 f.

Weimarer Republik und Exilliteratur (1918 – 1945)

Die Urkatastrophe Europas, der Erste Weltkrieg (1914 – 1918), bewirkte in Deutschland und in Österreich eine allgemeine Orientierungslosigkeit und die Desillusionierung breitester Schichten. Dennoch und gerade deshalb war das literarische Leben der 1920er-Jahre sehr lebendig und vielfältig: Gegen den Expressionismus, der den Weltkrieg vorausgeahnt und als Stilrichtung überdauert hatte, etablierte sich in Architektur und Literatur die „Neue Sachlichkeit", die ohne Pathos und Sentimentalität die wirtschaftliche und soziale Wirklichkeit objektiv darzustellen suchte. Daneben gab es die sogenannte „Kriegsliteratur", in der versucht wurde, den Krieg mit dichterischen Mitteln zu bewältigen.

Das Jahr 1933 bedeutete mit der Machtergreifung der Nationalsozialisten einen tiefen Einschnitt auch in der deutschen Literaturgeschichte, denn fortan wurden die bedeutendsten Dichter und Schriftsteller verfemt, ihre Bücher verboten und verbrannt. Mehr als 2.000 deutsche Schriftsteller verließen wegen dieser barbarischen Kulturpolitik und aus Angst vor Verfolgung und Tod das nationalsozialistische Deutschland und gingen ins Exil. Dort haben die meisten versucht, schreibend gegen das Unrechtsregime anzugehen und es vom Ausland aus mit literarischen Mitteln zu bekämpfen.

REGEL

EPOCHENMERKMALE: **„Neue Sachlichkeit"**

- leidenschaftslose scharfe Beobachtung ohne Schnörkel und ohne Beschönigung
- Ziel: nüchtern-dokumentarische Abbildung der Wirklichkeit
- Verzicht auf Bilder, Impressionen und besonderen künstlerischen Anspruch
- Die Sprache sollte allgemeinverständlich, einfach, sachlich und klar sein
- bevorzugte Gattungen: Gebrauchslyrik, Brechts „episches Theater", Romane und Satiren

Bedeutende Vertreter der Zeit von 1918 – 1945

- Thomas Mann (1875 – 1955): Der Lübecker Erzähler und Schriftsteller wurde als Romanautor (u. a.: ***Buddenbrooks***, 1902, ***Der Zauberberg***, 1924, ***Doktor Faustus***, 1947) weltberühmt; in der Weimarer Republik setzte er sich für Demokratie und Humanität ein; 1933 ging er ins Exil und lebte nach 1945 demonstrativ in der Schweiz.
- Alfred Döblin (1878–1956): Als Berliner Nervenarzt schrieb er mit ***Berlin Alexanderplatz*** (1929) den deutschen Großstadtroman schlechthin. 1933 emigrierte er erst in die Schweiz und dann nach Frankreich.
- Bertolt Brecht (1898 – 1956): Bereits in jungen Jahren wurde er in der Weimarer Republik als Dramatiker und Dichter bekannt; 1933 emigrierte er, nach 1949 lebte er in der DDR. Seine nüchtern-sachliche Art zu schreiben, die Begründung des epischen Theaters und seine großen Theaterstücke (u. a.: ***Dreigroschenoper***, 1928, ***Der gute Mensch von Sezuan***, 1943, ***Leben des Galilei***, 1943) haben aus dem früheren Rebellen längst einen Klassiker der Moderne werden lassen.

- Anna Seghers (1900 – 1983): Die deutsch-jüdische Schriftstellerin, die schon in der Weimarer Republik einen Namen hatte und 1933 ins Exil ging, schrieb mit ***Das siebte Kreuz*** (1942) den vielleicht bekanntesten Roman der Exilliteratur.

Thomas Mann

Brief an Adolf Grimme, preußischer Kulturminister der SPD (1933)

Ich spreche als Künstler, und auch diese Form der Vertiefung ins Menschliche, die man Kunst nennt, ist eine Sache des humanen Interesses, der leidenschaftlichen Anteilnahme am Menschen. Die Kunst war ja immer und wird jederzeit sein das vollendete „Dritte Reich", von dem große humane Geister geträumt haben und dessen Name heute so missbräuchlich geführt wird: die Einheit nämlich von Leiblichkeit und Geistigkeit, des Natürlichen und des Menschlichen. Was hat schöpferische Kunst je anderes getan, als die Natur mit Menschlichem zu durchdringen und aus ihr zu nehmen, was sie zu ihrer schöpferischen Steigerung des Lebens braucht? Kunst bestand immer in dieser Durchdringung und Vermenschlichung, das heißt Vergeistigung. [...]
Noch einmal, das Humane umschließt beide Welten, die innere und die äußere, und das Politisch-Soziale ist eines seiner Bereiche.

Thomas Mann, Brief an Adolf Grimme. Aus: ders.: Gesammelte Werke in dreizehn Bänden. Band XII. Reden und Aufsätze 4. © S. Fischer Verlag GmbH, Frankfurt a. M. 1960, 1974, S. 678 – 680

Alfred Döblin

Berlin Alexanderplatz (1929)

Dieses Buch berichtet von einem ehemaligen Zement- und Transportarbeiter Franz Biberkopf in Berlin. Er ist aus dem Gefängnis, wo er wegen älterer Vorfälle saß, entlassen und steht nun wieder in Berlin und will anständig sein.
Das gelingt ihm auch anfangs. Dann aber wird er, obwohl es ihm wirtschaftlich leidlich geht, in einen regelrechten Kampf verwickelt mit etwas, das von außen kommt, das unberechenbar ist und wie ein Schicksal aussieht.
Dreimal fährt dies gegen den Mann und stört ihn in seinem Lebensplan. [...]
Es stößt und schlägt ihn mit einer Gemeinheit. Er kann sich schon schwer erheben, er wird schon fast angezählt.
Zuletzt torpediert es ihn mit einer ungeheuerlichen äußersten Roheit.
Damit ist unser guter Mann, der sich bis zuletzt stramm gehalten hat, zur Strecke gebracht. Er gibt die Partie verloren, er weiß nicht weiter und scheint erledigt. [...]
Das furchtbare Ding, das sein Leben war, bekommt einen Sinn. Es ist eine Gewaltkur mit Franz Biberkopf vollzogen. Wir sehen am Schluss den Mann wieder am Alexanderplatz stehen, sehr verändert, ramponiert, aber doch zurechtgebogen.
Dies zu betrachten und zu hören, wird sich für viele lohnen, die wie Franz Biberkopf in einer Menschenhaut wohnen und denen es passiert wie diesem Franz Biberkopf, nämlich von dem Leben mehr zu verlangen als das Butterbrot.

Alfred Döblin: Berlin Alexanderplatz. Die Geschichte von Franz Biberkopf, © S. Fischer Verlag GmbH, Frankfurt a. M. 1930

Nachkriegs- und Gegenwartsliteratur (seit 1945)

Mit der „Stunde Null" im Frühjahr 1945, als Mitteleuropa in Trümmern lag, begann für die Deutschen ebenso wie für ihre Literatur ein radikaler Neubeginn. Der totale Zusammenbruch des NS-Staats und das Ende des Zweiten Weltkriegs bedeuteten eine große Chance für einen solchen Neuanfang, der besonders von den Schriftstellern, die aus dem Exil zurückkehrten, vehement gefordert wurde.
Durch die doppelte Staatsgründung von BRD und DDR gab es ab 1949 im geteilten Deutschland zwei höchst gegensätzliche Gesellschaftssysteme, die auch sehr unterschiedliche literarische Entwicklungen hervorbrachten. Außerdem traten in der Schweiz und in Österreich bedeutende Schriftsteller und Dichter in deutscher Sprache mit eigener Stimme hervor. Von einem einheitlichen Stil kann man deshalb spätestens seit den 1970er-Jahren nicht mehr sprechen. Die Gegenwartsliteratur stellt sich als sehr vielgestaltig dar und nicht von einem einheitlichen Stilwillen geprägt. Auch inhaltlich werden wechselnde Anliegen verfolgt. Vielleicht wird man im Rückblick Gemeinsamkeiten erkennen, die uns die jetzige Nähe verbirgt.

REGEL

EPOCHENMERKMALE: Nachkriegsliteratur
- Ziel: Verarbeitung der grauenhaften Geschehnisse der furchtbaren zwölf Jahre (Diktatur, Unterdrückung und Widerstand; Holocaust und Vernichtung; Krieg, Flucht und Vertreibung) in der „Trümmerliteratur"
- Aufgabe der Literatur: Deutlichmachen der Verbrechen in der Vergangenheit und Hilfe zur Daseinsbewältigung nach der „Stunde Null"
- ungeschminkte Darstellung ohne besondere ästhetische Gestaltung („Kahlschlagliteratur")
- knappe deutliche Sätze, die unmittelbar verständlich sind und innerlich berühren
- bevorzugte Gattungen: anfangs vor allem Kurzgeschichten und Hörspiele, dann zunehmend Gedichte, Romane und Theaterstücke

Bedeutende Vertreter der Zeit nach 1945
- Wolfgang Borchert (1921 – 1947): Wichtigster Vertreter der „Trümmerliteratur" und Sprachrohr der jungen Generation nach 1945.
- Heinrich Böll (1917 – 1985): Bedeutendster Repräsentant der Nachkriegsliteratur, die er mit Kurzgeschichten und Romanen (***Wanderer, kommst du nach Spa…***, 1950, ***Ansichten eines Clowns***, 1963) maßgeblich mitprägte; Böll verkörperte seit 1960 so etwas wie das literarisch-moralische Gewissen der Bundesrepublik Deutschland.
- Günter Grass (1927 – 2015): Schriftsteller und Erzähler, der die deutsche Geschichte und Politik der letzten 60 Jahre engagiert und kritisch kommentiert; sein Roman ***Die Blechtrommel*** (1959) hat Weltrang.
- Hans Magnus Enzensberger (*1929): Dichter und Schriftsteller, dessen umfangreiches Werk die letzten Jahrzehnte kritisch reflektiert und begleitet.

Wolfgang Borchert

Das ist unser Manifest (1947)

Wir brauchen keine Dichter mit guter Grammatik. Zu guter Grammatik fehlt uns Geduld. Wir brauchen die mit dem heißen heiser geschluchzten Gefühl. Die zu Baum Baum und zu Weib Weib sagen und ja sagen und nein sagen: laut und deutlich und dreifach und ohne Konjunktiv.
Für Semikolons haben wir keine Zeit und Harmonien machen uns weich und die Stillleben überwältigen uns: Denn lila sind nachts unsere Himmel. Und das Lila gibt keine Zeit für Grammatik, das Lila ist schrill und ununterbrochen und toll. [...] die blaubeschneiten Augenhöhlen der Toten im Eissturm, die violettwütigen Schlünde der kalten Kanonen und die lilane Haut unserer Mädchen am Hals und etwas unter der Brust. Lila ist nachts das Gestöhn der Verhungernden und das Gestammel der Küssenden. Und die Stadt steht so lila am nächtlich lilanen Strom. [...]
Denn wir sind Neinsager. Aber wir sagen nicht nein aus Verzweiflung. Unser Nein ist Protest. Und wir haben keine Ruhe beim Küssen, wir Nihilisten. Denn wir müssen in das Nichts hinein wieder ein Ja bauen. Häuser müssen wir bauen in die freie Luft unseres Neins, über den Schlünden, den Trichtern und Erdlöchern und den offenen Mündern der Toten: Häuser bauen in die rein gefegte Luft der Nihilisten, Häuser aus Holz und Gehirn und aus Stein und Gedanken.

In: Wolfgang Borchert: Das Gesamtwerk, Hamburg 1949. S. 519 – 523

Hans Magnus Enzensberger

Ins Lesebuch für die Oberstufe (1957)

Lies keine Oden[1], mein Sohn, lies die Fahrpläne:
Sie sind genauer. Roll die Seekarten auf,
eh es zu spät ist. Sei wachsam, sing nicht.
Der Tag kommt, wo sie wieder Listen ans Tor
schlagen und malen den Neinsagern auf die Brust
Zinken[2]. Lern unerkannt gehen, lern mehr als ich:
das Viertel wechseln, den Paß, das Gesicht.
Versteh dich auf den kleinen Verrat,
die tägliche schmutzige Rettung. Nützlich
sind die Enzykliken[3] zum Feueranzünden,
die Manifeste[4]: Butter einzuwickeln und Salz
für die Wehrlosen. Wut und Geduld sind nötig,
in die Lungen der Macht zu blasen
den feinen tödlichen Staub, gemahlen
von denen, die viel gelernt haben,
die genau sind, von dir.

Hans Magnus Enzensberger: Verteidigung der Wölfe. Gedichte. Frankfurt a. M. 1957, S. 90
Aus urheberrechtlichen Gründen ist dieser Text nicht in reformierter Rechtschreibung abgedruckt.
1 Ode: feierliches, pathetisches Gedicht 2 Zinken: Zeichen, Markierung
3 Enzyklika: Erlass/ Rundschreiben des Papstes4 Manifest: Grundsatzerklärung einer Partei

Epoche	Zeit	Wichtigste Vertreter	Hauptwerke
Althochdeutsche Literatur	750 bis 1050	Fast alle Schriften dieser Epoche sind anonym verfasst und nur ungefähr zu datieren	Merseburger Zaubersprüche (um 750) Wessobrunner Gebet (um 790) Der Heliand (um 830) Hildebrandslied (um 835)
Mittelhochdeutsche Literatur „Staufische Klassik"	1050 bis 1400	anonym Hartmann von Aue († um 1220) Wolfram von Eschenbach († 1220) Gottfried von Straßburg († um 1215) Walther von der Vogelweide († 1230)	Nibelungenlied (1195 – 1204) Der arme Heinrich (um 1195) Parzival (1200 – 1210) Tristan (um 1210) Under der linden (Minnelied um 1210)
Renaissance Humanismus Reformation	1400 bis 1600	Sebastian Brant (1457 – 1521) Erasmus v. Rotterdam (1465 – 1536) Martin Luther (1483 – 1517)	Das Narrenschiff (1494) Lob der Torheit (1509) Bibelübersetzung (1522 – 1534)
Barock	1600 bis 1720	Andreas Gryphius (1616 – 1664) Angelus Silesius (1624 – 1677) H. J. Chr. v. Grimmelshausen (1622 – 1676)	Sonette (1637) Cherubinischer Wandersmann (1657) Der Abentheuerliche Simplicissimus (1668)
Aufklärung	1720 bis 1800	Immanuel Kant (1724 – 1804) G. E. Lessing (1729 – 1781)	Was ist Aufklärung? (1784) Nathan der Weise (1779)
Sturm und Drang	1765 bis 1785	J. W. von Goethe (1749 – 1832) Friedrich Schiller (1759 – 1805)	Die Leiden des jungen Werthers (1774) Die Räuber (1781)
Weimarer Klassik Im Umfeld der Klassik	1786 bis 1832	J. W. von Goethe (1749 – 1832) Friedrich Schiller (1759 – 1805) Friedrich Hölderlin (1770 – 1843) Heinrich von Kleist (1777 – 1811)	Faust (1790 – 1832) Wilhelm Tell (1804) Hyperion (1797 – 1799) Michael Kohlhaas (1808)
Romantik	1795 bis 1835	Novalis (1772 – 1801) Ludwig Tieck (1773 – 1853) Joseph v. Eichendorff (1788 – 1857)	Hymnen an die Nacht (1800) Der gestiefelte Kater (1797) Aus dem Leben eines Taugenichts (1826)
Biedermeier „Junges Deutschland"	1815 bis 1848	Eduard Mörike (1804 – 1875) Adalbert Stifter (1805 – 1868) Heinrich Heine (1797 – 1856) Georg Büchner (1813 – 1837)	Gedichte (1838) Bergkristall (1845) Reisebilder (1826/27) Woyzeck (1836)
Realismus	1850 bis 1895	Gottfried Keller (1819 – 1890) Theodor Fontane (1819 – 1898)	Kleider machen Leute (1874) Effi Briest (1895)
Naturalismus	1880 bis 1900	Gerhart Hauptmann (1862 – 1946)	Die Weber (1892)
Impressionismus Symbolismus Expressionismus	1885 bis 1925 1905 bis 1925	Hugo v. Hofmannsthal (1874 – 1929) Rainer Maria Rilke (1875 – 1926) Franz Kafka (1883 – 1924) Georg Heym (1887 – 1912) Georg Trakl (1887 – 1914)	Brief des Lord Chandos (1902) Duineser Elegien (1922) Die Verwandlung (1915) Der Krieg (1911) Gedichte (1913)
Weimarer Republik	1918 bis 1933	Thomas Mann (1875 – 1955) Alfred Döblin (1878 – 1957) Bert Brecht (1898 – 1956)	Der Zauberberg (1924) Berlin Alexanderplatz (1929) Dreigroschenoper (1928)
Exilliteratur	1933 bis 1945	Nelly Sachs (1891 – 1970) Anna Seghers (1900 – 1983)	In den Wohnungen des Todes (1944) Das siebte Kreuz (1942)
Nachkriegsliteratur	1945 bis 1989	Wolfgang Borchert (1921 – 1947) Heinrich Böll (1917 – 1985) Günter Grass (*1927)	Draußen vor der Tür (1947) Ansichten eines Clowns (1963) Die Blechtrommel (1959)
Gegenwart	1990 bis heute	Hans Magnus Enzensberger (*1929) Herta Müller (*1953)	Hammerstein oder der Eigensinn (2008) Atemschaukel (2009)

Zwischentest

1 Ordnen Sie folgende Dichter und Schriftsteller in die deutsche Literaturgeschichte ein:

a) Wolfgang Borchert
b) Bettina von Arnim
c) Heinrich Heine
d) Friedrich Schiller
e) Theodor Fontane
f) Thomas Mann
g) Gotthold Ephraim Lessing
h) Georg Trakl

2 Nennen Sie epochentypische Merkmale des „Jungen Deutschland" und vergleichen Sie mit der „Neuen Sachlichkeit". /4

★ **3 Ordnen Sie Brechts Gedicht in die deutsche Literaturgeschichte ein und zeigen Sie, dass es ein typischer Ausdruck dieser Epoche ist. Achten Sie dabei auf das Jahr, in dem das Gedicht entstanden ist.** /8

Bertolt Brecht

An die Nachgeborenen (1939)

Wirklich, ich lebe in finsteren Zeiten

Das arglose Wort ist töricht. Eine glatte Stirn
Deutet auf Unempfindlichkeit hin. Der Lachende
Hat die furchtbare Nachricht
Nur noch nicht empfangen.

Was sind das für Zeiten, wo
Ein Gespräch über Bäume fast ein Verbrechen ist.
Weil es ein Schweigen über so viele Untaten einschließt!
Der dort ruhig über die Straße geht
Ist wohl nicht mehr erreichbar für seine Freunde /4
Die in Not sind. [...]

Bertolt Brecht: An die Nachgeborenen. In: Bertolt Brecht: Ausgewählte Werke in sechs Bänden. Band 3. Gedichte 1. Frankfurt a. M. 1997, S. 349 © Suhrkamp Verlag Frankfurt am Main 1997
Aus urheberrechtlichen Gründen ist dieser Text nicht in reformierter Rechtschreibung abgedruckt.

Gesamtpunktzahl /16

Kontrollieren Sie Ihre Ergebnisse mithilfe der Lösungen (S. 133) und addieren Sie die erreichten Punkte.

☐ 16 bis 13 Punkte: ☐ 12 bis 8 Punkte: ☐ 7 bis 0 Punkte:

Die Textanalyse

Vorschau

- Erläuterung des Aufgabenformats, Analysenaspekte und Arbeitsschritte
- Vergleichende Analyse
- Beispielaufgaben

Erläuterung des Aufgabenformats

Die Textanalyse stellt eine grundsätzliche Arbeitsmethode im Umgang mit Texten dar, weshalb Sie diese Technik nicht nur aus dem Fach Deutsch kennen, sondern beispielsweise auch von der Quellenauswertung im Geschichtsunterricht. Bei der Analyse von Sachtexten, die man auch als „pragmatische Texte" bezeichnet, geht es darum, die Besonderheiten eines Textes herauszuarbeiten und zu untersuchen. Grundlage und Voraussetzung der Analyse von Texten ist die Textwiedergabe, also die auf das Wesentliche konzentrierte Zusammenfassung des zu bearbeitenden Textes.
Bei der auf die Textwiedergabe folgenden eigentlichen Analyse geht es dann darum, die inhaltlichen Besonderheiten (wie z.B. die Argumentationsstruktur) sowie die den Text kennzeichnenden Merkmale im Bereich von Sprache und Form (z.B. Wortwahl, Satzbau, Stil, rhetorische Figuren, Aufbau) zu untersuchen.

WICHTIGE ZIELE

Ziel der Analyse ist es also, den Text tiefer gehend zu verstehen:

- **Was** beabsichtigt der Autor?
- **Warum** schreibt er so und nicht anders?
- **Wie** soll der Text auf den Leser wirken?
- **Wozu** dienen die eingesetzten sprachlichen Mittel?

Sobald wir derartige Fragen stellen, interessieren wir uns nicht nur für den **Inhalt**, sondern für die **Intention** und die **Vorgehensweise** des Autors, für den **Zusammenhang von Inhalt und sprachlicher Form** (= funktionale Deutung sprachlicher Mittel) sowie für die **Wirkung** des Textes auf den Leser.

Um genau diese interessante und spannende Dimension eines wirklichen Textverständnisses geht es dem Oberstufenunterricht in Deutsch. Dabei werden Sie sehen, dass ein derartiges Analysieren und Interpretieren wie eine neue Art des Lesens ist. Sie erwerben sich damit eine wertvolle Technik, die es Ihnen ermöglicht, Texte nicht mehr nur oberflächlich aufzunehmen, sondern sie zu deuten und zu reflektieren. Beim Erlernen dieser neuen Arbeitstechniken sollten Sie übrigens ein bisschen Geduld mit sich haben. Denn so wie Sie das Lesen in der Grundschule auch nicht von heute auf morgen gelernt haben, ist es auch mit den anspruchsvollen Aufgabenarten in der Oberstufe: Es braucht eine gute Weile, bis man damit zurecht kommt und sie wirklich beherrscht. Bleiben Sie deshalb mit sich gelassen und verzagen Sie nicht, wenn Sie nicht gleich alles verstehen.
Die Textanalyse ist ansonsten auch deshalb so wichtig, weil jede Textarbeit – ob Texterörterung oder Interpretation – mit einer Analyse des Textes beginnt. In den Deutschklausuren von Oberstufe und Abitur schließt sich an die Analyse eine textgebundene Erörte-

rung an. Dabei kann das Analysieren den Schwerpunkt der Aufgabenstellung darstellen. In diesem Fall bildet die Textanalyse die Kernaufgabe und sollte rund zwei Drittel des Aufsatzhauptteils einnehmen.

Aufbau der Textanalyse

Einleitung	Nennung der Rahmendaten zum vorliegenden Text (Autor, Titel, Erscheinungsort, Erscheinungsdatum, Textart, Thema) Interesse wecken durch originelle Hinführung zu Thema oder Fragestellung
Hauptteil	Textanalyse: ▪ aspektorientierte Wiedergabe des Inhalts ▪ Darstellung der Argumentationsstruktur ▪ Wirkungsabsicht sprachlicher und rhetorischer Mittel Gegebenenfalls Erörterung: ▪ kritische Auseinandersetzung mit der Position des Verfassers ▪ Entfaltung einer eigenständigen Position
Schluss	Zusammenfassung/Fazit, Bewertung des Textes hinsichtlich Inhalt, Wirkung, Intention, Aufbau, Ausblick

Analyseaspekte

- **Textsorte** (siehe dazu die Übersicht auf S. 65)
  Die Textsorte kann Hinweise auf Eigenheiten des Textes geben, welche zum Verständnis hilfreich sind. So kann ich beispielsweise bei der Textsorte „Glosse“ mit dem Stilmittel der Ironie rechnen.
- **Sprachebene** (siehe S. 21)
  Ist der Text in gehobener Sprache verfasst oder eher in Alltagssprache?
- **Sprachstil**
  Ist die Sprache eher nüchtern, sachlich oder unterhaltsam?
- **Wortwahl**
  Benutzt der Text auffallende Fachwörter, Fremdwörter, umgangssprachliche Begriffe?
- **Satzbau**
  Ist der Satzbau eher hypotaktisch oder dominieren Parataxen? Fallen Parallelismen, Ellipsen o. ä. Satzfiguren auf?
- **Argumentationstyp**
  Dominieren sachliche Argumente (z.B. Faktenargument) oder ist der Einsatz manipulativer Mittel (z.B. Polarisierung, Übertreibung) zu beobachten? (siehe dazu S. 69)
- **Struktur**
  Liegt eine lineare oder dialektische Argumentation vor?
  Wo steht die Kernaussage?
  Werden Zitate oder Fragen formuliert?
- **Rhetorische Figuren**
  Welche Stilmittel und rhetorischen Figuren fallen auf? (siehe dazu die Übersicht S. 59)

Arbeitsschritte

Textbeschreibung (Vorstellung des Textes)

- Um welche Textsorte handelt es sich (z.B. Zeitungsartikel, Rede, Kurzgeschichte, Romanauszug)?
- Wann und wo ist der Text erschienen? Was wissen Sie über den Autor?
- Was ist das übergeordnete Thema des Textes?
- Was ist die zentrale Fragestellung, die Kernaussage, die zentrale These des Textes?

Inhaltswiedergabe (Fokus auf den Inhalt)

- In welche Sinnabschnitte lässt sich der Text einteilen?
- Welche Funktion haben die einzelnen Abschnitte?
- Welche Arten von Argumenten werden verwendet? (siehe S. 69)

Weiteres zur Inhaltswiedergabe S. 67–68.

Textanalyse (Fokus auf die Form)

- Wie begründet der Verfasser seine These?
- Wie wird der Text eingeleitet?
- Wie ist der Text aufgebaut? (Argumentationsstruktur)
- Wie kommt der Autor zu seinem Fazit?
- Werden Zitate benutzt? Aus welchem Bereich und zu welchem Zweck? (Illustration, Beleg o.ä.)
- Wie ist der Text sprachlich gestaltet?
- Welche Stilmittel und rhetorischen Figuren werden verwendet? (siehe Übersicht auf S. 59)
- Welche Intention (Aussageabsicht) ist in dem Text zu erkennen?

Achtung: Alle Beobachtungen zur sprachlichen Gestaltung müssen in einen Zusammenhang gebracht werden mit dem Inhalt: z.B. Welche Funktion hat das Stilmittel für die inhaltliche Aussage? Was bewirkt es? (= funktionale Deutung)
Daher geht es auch nicht darum, alle sprachlichen Merkmale aufzuzählen, sondern all jene gezielt auszuwählen, die in Hinblick auf den intendierten Inhalt relevant sind.

TIPP

Legen Sie sich eine Tabelle nach folgendem Muster an

Textstelle	Beobachtung	Wirkung
Zeile 1 Zeile 3	Der Verfasser wendet sich mit Personalpronomen „Du"/„Euch" an den Leser.	Der Leser fühlt sich angesprochen Duzen wirkt vertraulich
Zeile 8 ff.	rhetorische Fragen	Leser wird zum Nachdenken angeregt.

Verfassen des Aufsatzes

- Lässt sich ein passender Aufhänger (beispielsweise ein aktueller Bezug) für die Einleitung finden?
- Erstellen Sie einen Schreibplan.
- Verfassen Sie den Text.

Überarbeitung

- Ist Ihr Text frei von sprachlichen Fehlern (Rechtschreibung, Zeichensetzung, Grammatik)?
- Ist der sprachliche Stil sachlich und adressatengerecht?
- Sind Beobachtungen zur Form durchgehend in Hinblick auf Ihre Funktion gedeutet?
- Ist ein roter Faden erkennbar?
- Schlägt der Schluss einen Bogen zur Einleitung?

Vergleichende Analyse

Wenn eine vergleichende Analyse gefordert wird, folgt im Anschluss an die Analyse des ersten Textes eine Überleitung sowie die Analyse des zweiten Textes. Danach werden Bezüge zwischen den beiden Texten hergestellt. Dazu ist es sinnvoll, nach aussagekräftigen Vergleichskriterien zu suchen.

Man kann dazu etwa folgende Fragen an den Text stellen:

- Wo gibt es inhaltliche oder strukturelle Parallelen?
- Gibt es Widersprüche zwischen den Texten?
- Werden Dinge gleich oder anders ausgelegt als im ersten Sachtext?
- Welcher Text führt weiter/ist hilfreicher in Bezug auf das verbindende gemeinsame Thema?

Im Schluss werden die Ergebnisse des Vergleichs nochmals gebündelt, und es ist zu prüfen, inwiefern die Texte das Verständnis für das verbindende Thema erweitern konnten. Außerdem können Sie in einem Ausblick überlegen, welche neuen Fragen sich aus der Beschäftigung mit der behandelten Thematik ergeben.

Analyse von Zeitungsartikeln

Bei der Analyse von Zeitungsartikeln sollten Sie stets im Auge behalten, dass gerade Presseerzeugnisse neben ihrer Informationspflicht immer auch eine besondere Absicht verfolgen. Dies gilt selbst bei ganz sachlich gehaltenen Nachrichten, denn meist sind schon ihre Auswahl und Gewichtung kein Zufall, sondern ein Hinweis auf die politische Ausrichtung des Blattes. Deshalb ist es gerade bei Zeitungsartikeln wichtig, sie kritisch zu lesen und auf mögliche Interessen des Autors und des Herausgebers hin zu prüfen.

Bernd Dörries

Schwere Kost

Bundesregierung besteuert Essen an Schulen höher als Fastfood
Politiker aller Parteien reden seit Jahren gerne darüber, wie wichtig doch ein ausgewogenes Mittagessen für die Schüler ist. Und während sie das sagen, haben die Beamten im Bundesfinanzministerium das Essen in den Schulen fast unbemerkt teurer gemacht. Sie berechnen für das Kantinenessen den vollen Mehrwertsteuersatz von 19 Prozent – während auf den Hamburger vom Imbiss nur sieben Prozent Steuern anfallen.
Schon Ende 2008 hat sich das Bundesfinanzministerium Gedanken über eine neue „Abgrenzung von Lieferungen und sonstigen Leistungen bei der Abgabe von Speisen und Getränken“ gemacht. Davor mussten die Schulkantinen für die Zubereitung des Essens den Satz von sieben Prozent zahlen und 19 Prozent auf die Ausgabe – jetzt will der Staat den vollen Satz auf alles.
Die Folgen bekommen viele Städte aber erst jetzt zu spüren. Tübingen zum Beispiel schließt derzeit wieder neue Verträge mit den Zulieferern der Schulkantinen und rechnet damit, dass das Schulessen um zehn Prozent teurer wird.
„Ein gesundes Schulessen sollte nicht 19 Prozent Mehrwertsteuer tragen müssen, wenn der Fast-Food-Burger neben der Schule nur mit sieben Prozent belastet ist“, schreibt Oberbürgermeister Boris Palmer (Grüne) deshalb in einem Protestbrief an Bundesfinanzminister Wolfgang Schäuble (CDU).
Die Beamten im Finanzministerium haben wohl schon geahnt, dass der Durchschnittsbürger Probleme haben könnte mit ihren Ausführungen. Sie haben sich daher um Beispiele bemüht: Der verbilligte Mehrwertsteuersatz von sieben Prozent werde dann fällig, wenn sich der „Durchschnittsverbraucher“ an einem Imbissstand etwa eine Portion Pommes bestellt, die mit „Abgabe von Senf, Ketchup, Mayonnaise oder Apfelmus“ verbunden ist und sich danach vom Stand sofort entfernt. Eine Serviette darf er mitnehmen, Stehtische aber sollte er meiden.
Anders sieht es in einer Schule aus, in der beispielsweise Biokost an die Schüler ausgegeben wird. Das beauftragte Unternehmen serviert richtige Teller, die es danach auch spült – und muss dafür den vollen Mehrwertsteuersatz von 19 Prozent zahlen, weil es Leistungen erbringe, die „nicht notwendig mit der Vermarktung der Speisen verbunden sind“.
Letztlich wird also das Schulessen teurer, nicht aber der Hamburger im Imbiss. Dies sei nicht im Sinne einer gesunden Ernährung, sagt der Tübinger Oberbürgermeister Palmer. Es sei auch völlig unverständlich, dass die Bundesregierung Hotels bei der Mehrwertsteuer entlaste, während das Schulessen teurer werde. „Die Milliarde, die dem Fiskus

dank der Senkung der Mehrwertsteuer für Hotelübernachtungen auf sieben Prozent entgeht, wird zum Ausbau der Bildungs- und Betreuungsangebote in den Kommunen dringend benötigt."

Süddeutsche Zeitung vom 10. März 2010, Nr. 57, Seite 9

1 Lesen Sie den Text und bearbeiten Sie dann die Aufgaben.

a) Fassen Sie den Text kurz zusammen.
b) Arbeiten Sie die zentrale Fragestellung des Artikels heraus.
c) Beschreiben Sie die sprachliche Gestalt des Textes.
★ d) Welche Intention liegt dem Text zugrunde?

2 Führen Sie doch einmal regelmäßig ein Ernährungstagebuch, in dem Sie besonders notieren, wann Sie zu „Fastfood" gegriffen haben – und warum.

Analyse eines Essays

Unter einem Essay versteht man die geistreiche Abhandlung eines Autors über ein von ihm selbst gewähltes Thema, mit dem er sich auf persönliche Art auseinandersetzt. Dabei ist es für den ungeübten Leser manchmal nicht ganz leicht, herauszufinden, was das eigentliche Anliegen des Schriftstellers ist.

Hans Magnus Enzensberger

Luxus – woher, und wohin damit?

Alles, was sich dazu sagen läßt, können nur Vermutungen sein. Ich vermute also, daß es ganz andere Prioritäten sein werden, um die es bei künftigen Verteilungskämpfen geht. Knapp, selten, teuer und begehrenswert sind im Zeichen des wuchernden Konsums nicht schnelle Automobile und goldene Armbanduhren, Champagnerkisten und Parfums, Dinge, die an jeder Straßenecke zu haben sind, sondern elementare Lebensvoraussetzungen wie Ruhe, gutes Wasser und genügend Platz. Merkwürdige Umkehrung einer Logik der Wünsche: Der Luxus der Zukunft verabschiedet sich vom Überflüssigen und strebt nach dem Notwendigen, von dem zu befürchten ist, daß es nur noch den Wenigsten zu Gebote stehen wird. Das, worauf es ankommt, hat kein Duty Free Shop zu bieten:

1. Die Zeit. Sie ist das wichtigste aller Luxusgüter. Bizarrerweise sind es gerade die Funktionseliten, die über ihre eigene Lebenszeit am wenigsten frei verfügen können. Das ist nicht in erster Linie eine quantitative Frage, obwohl viele Angehörige dieser Schicht bis zu achtzig Stunden in der Woche arbeiten; viel eher sind es ihre vielfältigen Abhängigkeiten, die sie versklaven. Man erwartet von ihnen, daß sie jederzeit erreichbar sind und auf Abruf bereitstehen. Im übrigen sind sie an Terminkalender gebunden, die auf Jahre hinaus in die Zukunft reichen. Aber auch andere Berufstätige sind an Regelungen gebunden, die ihre Zeitsouveränität auf ein Minimum beschränken. Arbeiter hängen von Maschinenlaufzeiten, Hausfrauen von absurden Ladenschlußzeiten, Eltern von den Verfügungen der Schule ab, und fast alle sind auf Pendelfahrten zu den Spitzenverkehrszeiten angewiesen. Unter solchen Bedingungen lebt luxuriös, wer stets Zeit hat, aber nur für das, womit er sich beschäftigen will, und wer selber darüber entscheiden kann, was er mit seiner Zeit tut, wieviel er tut, wann und wo er es tut.

2. Die Aufmerksamkeit. Auch sie ist ein knappes Gut, um dessen Verteilung sämtliche Medien erbittert kämpfen. Im Gerangel von Geld und Politik, Sport und Kunst, Technik und Werbung bleibt wenig von ihr übrig. Nur wer sich diesen Zumutungen entzieht und das Rauschen der Kanäle abschaltet, kann selbst darüber entscheiden, was Aufmerksamkeit verdient und was nicht. Unter dem Trommelfeuer arbiträrer Informationen nehmen unsere sinnlichen und kognitiven Fähigkeiten ab; sie wachsen mit der Reduktion auf das und nur das, was wir selber sehen, hören, fühlen und wissen wollen. Auch darin kann man ein Moment von Luxus sehen.

3. Der Raum. Was für die Ökonomie der Zeit der Terminkalender, ist für die des Raumes der Stau. Im übertragenen Sinn ist er allgegenwärtig. Steigende Mieten, Wohnungsnot, überfüllte Verkehrsmittel, Gedrängel in den Fußgängerzonen, Freibädern, Diskotheken, Touristenzonen zeigen eine Verdichtung der Lebensverhältnisse an, die an Freiheitsberaubung grenzt. Wer sich dieser Käfighaltung entziehen kann, lebt luxuriös. Dazu gehört auch die Bereitschaft, sich aus dem Warenberg freizuschaufeln. Meist ist die ohnehin viel zu kleine Wohnung mit Möbeln, Geräten, Nippes und Klamotten verbarrikadiert. Was fehlt, ist jener Überfluß an Platz, der die freie Bewegung überhaupt erst möglich macht. Heute wirkt ein Zimmer luxuriös, wenn es leer ist.

4. Die Ruhe. Auch sie ist ein Grundbedürfnis, das immer schwerer zu stillen ist. Wer den allgegenwärtigen Krach vermeiden will, muß einen hohen Aufwand treiben. Wohnungen kosten in der Regel umso mehr, je ruhiger sie sind; Restaurants, die ihren Gästen nicht mit Gedudel in den Ohren liegen, fordern dafür, daß sie auf diese Belästigung verzichten, höhere Preise. Der tobende Verkehr, das Heulen der Sirenen, das Knattern der Hubschrauber, die dröhnende Stereoanlage des Nachbarn, die monatelang wummernden Straßenfeste – Luxus genießt, wer sich all dem entziehen kann.

5. Die Umwelt. Daß man die Luft atmen und das Wasser trinken kann, daß es nicht qualmt und nicht stinkt, ist bekanntermaßen keine Selbstverständlichkeit, sondern ein Privileg, an dem immer weniger Menschen teilhaben. Wer sie nicht selbst erzeugt, muß Lebensmittel, die nicht vergiftet sind, teuer bezahlen. Den Risiken für Leib und Leben am Arbeitsplatz, im Verkehr und im gemeingefährlichen Freizeitrummel aus dem Weg zu gehen, dürfte den meisten schwerfallen. Auch in dieser Hinsicht sind es die Möglichkeiten des Rückzugs, die immer knapper werden. [...]

Alles in allem laufen diese Mutmaßungen auf eine Kehrtwendung hinaus, die reich an Ironien ist. Wenn sie etwas für sich haben, dann liegt die Zukunft des Luxus nicht wie bisher in der Vermehrung, sondern in der Verminderung, nicht in der Anhäufung, sondern in der Vermeidung.

Hans Magnus Enzensberger. Luxus – woher, und wohin damit? Reminiszenzen an den Überfluss. Frankfurt a. M. 1995
Aus urheberrechtlichen Gründen ist dieser Text nicht in reformierter Rechtschreibung abgedruckt.

3 Lesen Sie den Text und bearbeiten Sie dann die Aufgaben.

a) Schreiben Sie einen Basissatz zu dem Text von Hans Magnus Enzensberger.
b) Wie lautet Enzensbergers Kernaussage? Wie begründet er seine These?
★ **c)** Welche Absicht dürfte der Autor verfolgt haben?

Analyse einer Rede

Redner bedienen sich rhetorischer Mittel und können mit deren Hilfe manipulativ agieren. (siehe die Auswahl unten). Wie sich die Rhetorik verheerend auswirken kann, haben gerade die Redner des Dritten Reiches von Hitler bis Goebbels auf erschreckende Weise gezeigt. Auch um der oft gefährlichen Faszination von geschickten Rednern nicht zu erliegen, ist es wichtig, dass man die Grundregeln der Rhetorik (= Redekunst) kennenlernt. Bei der Analyse von Reden sollten Sie sich daher immer wieder fragen, aus welchem Anlass und zu welchem Zweck die betreffende Rede gehalten wurde.

rhetorische Figur	Erläuterung	Beispiele
Alliteration	gleicher Anlaut von Worten	Geiz ist geil; Lucky Luke; Milch macht müde Männer munter
Antithese	Aufstellen einer Gegenbehauptung	viel gelobt und viel gescholten; ernst und heiter
Euphemismus	beschönigender Ausdruck	Raumkosmetikerin; vollschlank
Klimax	Steigerung; Höhepunkt	er kam, sah und siegte; gebeten und gefleht
Litotes	doppelte Verneinung	nicht unschön; nicht gerade schlecht;
Metapher	bildhafter Ausdruck	ihre Augen leuchten wie Sterne; Mauer des Schweigens
Personifikation	Vermenschlichung eines Objektes	der Himmel weint; die Börse fällt; die stumme Mauer
rhetorische Frage	Scheinfrage	Glaubst du das wirklich? Bist du etwa dagegen?

Theodor Heuss

Das Mahnmal (1952)

Auf dem Gelände des ehemaligen Konzentrationslagers Bergen-Belsen wurden 1952 zum Gedenken an die dort begangenen furchtbaren Verbrechen ein Obelisk und eine Inschriftenwand errichtet. Der erste Bundespräsident Theodor Heuss hielt dort bei der Einweihung der Gedenkstätte die folgende Rede:

Ich habe, als ich gefragt wurde, ob ich heute hier, aus diesem Anlass ein Wort zu sagen bereit sei, ohne lange Überlegung mit ja geantwortet. Denn ein Nein der Ablehnung, der Ausrede, wäre mir als eine Feigheit erschienen, und wir Deutschen wollen, sollen und müssen, will mir scheinen, tapfer zu sein lernen gegenüber der Wahrheit, zumal auf einem Boden, der von den Exzessen menschlicher Feigheit gedüngt und verwüstet wurde. […]
Wer hier als Deutscher spricht, muss sich die innere Freiheit zutrauen, die volle Grausamkeit der Verbrechen, die hier von Deutschen begangen wurden, zu erkennen. […]

Aber nun will ich etwas sagen, was manchen von Ihnen hier erstaunen wird. Ich habe das Wort Belsen zum erstenmal im Frühjahr 1945 aus dem britischen Rundfunk gehört, und ich weiß, dass es vielen in diesem Lande ähnlich gegangen ist. [...] Diese Bemerkung soll keine Krücke sein für diejenigen, die gern erzählen: Wir haben von alledem nichts gewusst. Wir haben von den Dingen gewusst. Wir wussten auch aus den Schreiben evangelischer und katholischer Bischöfe, die ihren geheimnisreichen Weg zu den Menschen fanden, von der systematischen Ermordung der Insassen deutscher Heilanstalten. [...] Dieses Belsen und dieses Mal sind stellvertretend für ein Geschichtsschicksal. Es gilt den Söhnen und Töchtern fremder Nationen, es gilt den deutschen und ausländischen Juden, es gilt auch dem deutschen Volke und nicht bloß den Deutschen, die auch in diesem Boden verscharrt wurden. [...]

Judenverfolgungen kennt die Vergangenheit in mancherlei Art. Sie waren ehedem teils Kinder des religiösen Fanatismus, teils sozialökonomischer Konkurrenzgefühle. Von religiösem Fanatismus konnte nach 1933 nicht die Rede sein. Denn den Verächtern der Heiligen Schriften des Alten und Neuen Bundes, den Feinden aller religiösen Bindungen, war jedes metaphysische Problem denkbar fremd. Und das Sozialökonomische reicht nicht aus, wenn es nicht nur an Raubmord denkt. Aber das war es nicht allein. Im Grunde drehte es sich um etwas anderes. Der Durchbruch des biologischen Naturalismus der Halbbildung führte zur Pedanterie des Mordens als schier automatischer Vorgang, ohne das bescheidene Bedürfnis nach einem bescheidenen quasi-moralischen Maß. Dies gerade ist die tiefste Verderbnis dieser Zeit. Und dies ist unsere Scham, dass sich solches im Raum der Volksgeschichte vollzog, aus der Lessing und Kant, Goethe und Schiller in das Weltbewusstsein traten. Diese Scham nimmt uns niemand, niemand ab. [...]

4 Lesen Sie den Text und bearbeiten Sie dann die Aufgaben.

a) Fassen Sie die vorliegende Rede von Theodor Heuss zusammen und beachten Sie dabei den besonderen Redeanlass und die Position des Vortragenden.

b) Welche Wirkung löst die Rede aus?

c) Mit welchen sprachlichen Mitteln wird diese Wirkung erzielt?

5 Informieren Sie sich im Internet über die Rede des späteren Bundespräsidenten Richard von Weizsäcker, die dieser am 5. Mai 1985 im Deutschen Bundestag zum „Tag der Befreiung“ von der NS-Diktatur gehalten hat.

Analyse einer Glosse

Bei der Analyse einer Glosse ist zu beachten, dass es sich dabei um eine meinungsbetonte Textsorte handelt. Der Verfasser setzt sich dabei subjektiv mit einem aktuellen Thema auseinander. Oft sind Glossen pointiert, polemisch oder satirisch und weisen rhetorische Mittel wie Ironie, Wortspiele, Metaphern etc. auf.

6 Lesen Sie den folgenden Text und bearbeiten Sie dann die Aufgaben.

a) Analysieren Sie den Text „Wir Facebook-Schauspieler“ von Lara Fritzsche. Berücksichtigen Sie dabei insbesondere die Intention der Verfasserin sowie die sprachlich-stilistische Gestaltung des Textes.

b) Beurteilen Sie die Überzeugungskraft der Argumentation von Lara Fritzsche.

Lara Fritzsche

Selbstdarstellung in sozialen Netzwerken

Wir Facebook-Schauspieler

Möglichst cool, irre lustig, immer gut drauf - viele nutzen Facebook für Eigen-PR. Wir schreiben nicht, was uns wichtig ist, sondern was bei den anderen gut ankommt. Was macht das mit uns?

Wenn früher gute Freunde nachts enthemmte Gespräche führten, dann gestanden sie einander, wie sie gerne wären, wen sie gerne darstellen würden und was sie erreichen möchten. Heute ist das anders. Wenn wir nachts betrunken bei einer öligen Pizza zusammensitzen, dann gestehen wir uns, wie wir wirklich sind. Was wir denken, machen und fühlen, wir berichten von dem Teil von uns, den wir online immer verschweigen. Wie viel mehr wir sind als die Version, die die anderen aus dem Internet kennen.

Nicht selten beginnt es so: Der eine spricht den anderen auf einen Post von vor ein paar Tagen an: „War es wirklich so super, erzähl mal." Eine Vorlage für den Autor, an seine euphorischen Sätze von der Pinnwand anzuschließen. Dort hatte er eine überschwängliche und kenntnisreiche Konzertkritik veröffentlicht. Statt einer Fortsetzung kommt nur eine kurze Antwort: „Ich hatte an dem Tag furchtbare Kopfschmerzen, wäre am liebsten zu Hause geblieben." Was? Später in der Nacht, im grellen Licht der Pizzabude, kommt noch raus, dass der vermeintliche Partyfreund und Konzertjunkie gar nicht so gern ausgeht, furchtbar gern zu Hause alte Fotoalben ansieht, nicht immer Menschen um sich haben will, häufiger auch mal alleine ins Kino geht und nach zehn Uhr nur widerwillig Anrufe entgegennimmt.

Noch ein paar andere offenbaren in dieser Nacht an diesem Plastiktisch, wer sie wirklich sind. Gestehen, dass sie drei Anläufe gebraucht haben, bis ihre Bechamelsauce so aussah wie auf dem geposteten Foto, dass ihre Nacht in diesem hochgelobten Club scheiße war und nicht aufregend, wie nachher behauptet, und dass die vier hochgeladenen Urlaubsvideos aus San Francisco die wenigen sind, auf denen es nicht regnet. Und sie sind nicht die Einzigen, die sich als Selbstdarsteller outen, die eine geschönte und gestutzte Version ihrer selbst im Internet verbreiten. Wir alle tun das. [...]

Und nur darum geht es bei Facebook. Alles, was wir online tun, folgt nur dem Ziel, dafür bezahlt zu werden, in der härtesten Währung unserer Zeit: Aufmerksamkeit. Die ist deshalb so kostbar, weil die Möglichkeiten, sie zu verteilen, so zahlreich sind. Wir empfangen dreißig Fernsehsender und können doch nur einem Programm folgen, wir können jedes Buch der Welt bestellen und trotzdem immer nur eins lesen, das Internet ist voller Informationen, und dennoch können wir nur eine nach der anderen aufnehmen. Wir haben hunderte Freunde und können trotzdem immer nur einem zuhören. Für die Fülle der Möglichkeiten fehlt uns schlicht die geistige Kapazität. Aufmerksamkeit ist kostbar .Deshalb belohnen wir die, die es uns einfach machen. Für einen Post übers Wetter und das dazugeladene Foto eines Schneemanns gibt es sechs Kommentare von „Ohh, wie süß" bis „Selber gemacht?". Für ein schlaues Statement über die Sprunghaftigkeit von Sigmar Gabriel gibt es keinen. Da überlegt man es sich beim nächsten Mal schon genau, ob man noch mal Weisheiten rumschickt oder vielleicht doch lieber Banalitäten in Bildform. Denn so eine Statusmeldung, die keiner beachtet, auf die keiner Bezug nimmt, die kann sehr, sehr traurig aussehen in der langen Liste der Neuigkeiten.

Um uns Aufmerksamkeit zu sichern, präsentieren wir uns online in einer Version ohne Brüche und Unstimmigkeiten. [...]

Wir entwickeln eine Demoversion von uns selbst

Daumen hoch für solche, die spannend sind, interessant, süß, lustig, abgedreht, schlau, cool, verrückt - wie auch immer, Hauptsache kurzweilig, einprägsam und kohärent. Wie es euch gefällt – ist die Weisung der Stunde. Dabei entfernen wir uns von dem, was uns außergewöhnlich macht, und posten stattdessen nur das, was unmissverständlich ist. Werbung statt Wahrheit. [...]

Heißt: Am Ende haben wir uns für ein allseits geschätztes und leicht verständliches Image entschieden; geben uns eindimensional, schreiben überschwänglich freundlich, verzichten auf negative Emotionen und verkneifen uns Zynismus. Denn dafür gibt's keinen Applaus - zumindest nicht von allen in unserer heterogenen Freundesliste. Und es funktioniert, die hochgeladene Demoversion kommt gut an. Wie könnte auch eine Person, die es allen so verdammt einfach macht, sie zu mögen, auf Ablehnung stoßen? Das Publikum bestätigt uns in unserer Rolle: „Gefällt mir, was du machst. Weiter so." So gewinnt es Einfluss darüber, wer wir sind.

Identität ist nicht statisch

Identität entsteht seit jeher im Austausch mit der Umwelt. Sie ist nicht statisch. Wir probieren uns in unterschiedlichen Rollen, zeigen Facetten unserer Persönlichkeit und erhalten dafür Feedback. Erfolgreiche Stücke werden wieder und wieder aufgeführt, irgendwann akzeptieren wir dann unsere Rolle darin als Teil unserer Identität. Beachtung hat die Kraft, uns zu verändern. Sowohl im echten Leben als auch online.

Der Unterschied: Das Feedback, das wir offline bekommen, ist niemals so unmissverständlich wie der virtuelle Daumen. Internetfreunde mit ihrem „Gefällt mir"-Button prägen uns schneller, weil uns ihr Lob häufiger und unmittelbarer erreicht. Blöd nur, dass sie uns nicht bestätigen, wie wir nachts sind, wenn wir bei öliger Pizza zusammensitzen, sondern diese lahme Demoversion aus dem Internet.

---

www.stern.de/digital/online/selbstdarstellung-in-sozialen-netzwerken-wir-facebook-schauspieler-3566252.html (Zugriff am 8.9.2021) – Stern 19.3.2010

Zwischentest

1 Bearbeiten Sie die Rede von Gustav Heinemann (deutscher Bundespräsident 1969 – 1974), die er 1970 in Bremen hielt. /10

a) Geben Sie kurz den Inhalt der Rede des damaligen Bundespräsidenten wieder.
b) Beschreiben Sie, was Heinemann unter „Traditionen" versteht und was nicht.

Gustav Heinemann

Ich weiß, dass ich schon längst durch einige kritische Äußerungen oder auch nur durch skeptisches Infragestellen von manchem, was bisher unbesehen fortgeführt worden ist, bei einigen konservativen Gemütern in den Verdacht geraten bin, ein „Bilderstürmer" zu sein. Ich kann es aber beispielsweise nicht ganz ernst nehmen, wenn meine Abneigung gegen rote Teppiche oder gegen die vollständige Beherrschung der Neujahrsempfänge beim Bundespräsidenten durch Politiker und hohe Beamte als Gegnerschaft zu Traditionen schlechthin gedeutet wird. Ich weiß sehr wohl, dass alle geistigen, gesellschaftlichen, kulturellen und politischen Gegebenheiten auch auf Traditionen gründen. Sogar das, was wir Umbrüche, Revolutionen und Reformen nennen, beruht nicht selten darauf, dass Erkenntnisse oder Forderungen früherer Tage neu aufgegriffen oder weitergeführt werden.
Traditionen sind mit anderen Worten keineswegs das Privileg konservativer Kräfte. Noch weniger gehören sie in die alleinige Erbpacht von Reaktionären, obgleich diese am lautstärksten von ihnen reden. Auch ist es sehr wohl möglich, bestimmte Vorgänge sehr verschieden zu deuten und – was vollends interessant ist – für sehr unterschiedliche Traditionsauffassungen in Anspruch zu nehmen. Es kann – so meine ich – nicht um die Frage gehen: Tradition ja oder nein? Die Alternative besteht vielmehr darin, an welche Traditionen angeknüpft werden soll und in welchem Sinne wir eines historischen Vorganges gedenken.

2 Nennen Sie wichtige Angaben und Gesichtspunkte, die in der Einleitung und beim Schluss einer Textwiedergabe berücksichtigt werden sollten. /6

★ **3 Erläutern Sie kurz die folgenden Begriffe** /5

a) Essay
b) Intention
c) Faktenargument
d) Textanalyse
e) Rhetorik

4 Nennen Sie mindestens vier verschiedene journalistische Textsorten und erläutern Sie, wie seriöse Zeitungen mit Berichten und Meinungsäußerungen umgehen. /5

Gesamtpunktzahl /26

Kontrollieren Sie Ihre Ergebnisse mithilfe der Lösungen (S. 135) und addieren Sie die erreichten Punkte.

☐ 26 bis 21 Punkte: 🙂 ☐ 20 bis 14 Punkte: 😐 ☐ 13 bis 0 Punkte: 😕

Die Erörterung pragmatischer Texte

Vorschau

- Sachtexte/pragmatische Texte
- Aufgabenformate und Aufbau/Gliederung
- Argumente/Argumentieren
- Arbeitsschritte

Sachtexte/pragmatische Texte

Neben literarischen Texten begegnen Ihnen im Deutschunterricht häufig auch Sachtexte. Diese stammen meist aus dem journalistischen Bereich und sind in einer Zeitung veröffentlicht worden.

Während literarische Texte sich durch Fiktionalität und eine kunstvolle Sprache auszeichnen, werden **Sachtexte** in einer **nüchtern-sachlichen Sprache** verfasst. Eine wichtige Unterscheidung innerhalb journalistischer Textarten ist die zwischen **informationsbetonten** und **meinungsbetonten** Texten. Während erstere den Anspruch haben, nüchtern und sachlich die objektiven Fakten darzustellen, sind letztere geprägt von einer subjektiven Bewertung und wollen den Leser von dieser Meinung überzeugen. Daneben gibt es Artikel, die, obgleich nicht-fiktional, an der Grenze zum literarischen Schreiben verortet werden können, da sie geistreich, experimentell und stilistisch ausgefeilt sind: Essays. Bei der Analyse von journalistischen Texten sollten Sie stets im Auge behalten, dass auch informationsbetonte Presseerzeugnisse eine Intention (Absicht) verfolgen, denn meist sind schon ihre Auswahl und Gewichtung kein Zufall, sondern ein Hinweis auf die politische Ausrichtung des Blattes. Deshalb ist es gerade bei Zeitungsartikeln wichtig, sie kritisch zu lesen und auf mögliche Interessen des Autors und Intentionen des Herausgebers hin zu prüfen.

Übersicht Sachtexte		
Textart	**Beispiele**	**Merkmale**
Informierende Texte = Sachtexte, die über ein bestimmtes Thema informieren. Sie sind sachlich und frei von Wertungen.	Zeitungsartikel	Oberbegriff für journalistische Textarten, die durch sachliche Darstellung eines aktuellen Themas, bei dem die eigene Meinung im Hintergrund bleibt, gekennzeichnet sind.
	Zeitungsbericht	Umfassende, sachliche Darstellung eines Ereignisses mit Hintergrundinformationen und Details (mehrere Spalten lang).
	Nachricht	Sachliche Darstellung eines Ereignisses, beschränkt auf die zentralen Informationen; daher kürzer als ein Bericht (etwa eine Zeitungsspalte).
	Meldung	Sehr knappe, sachliche Darstellung eines Ereignisses ohne jedes Detail; noch kürzer als eine Nachricht (wenige Zeilen lang).
	Reportage	Umfangreiche Darstellung eines Ereignisses, das der Verfasser selbst miterlebt. Er schildert seine Eindrücke und versucht, den Leser daran teilhaben zu lassen. Weniger distanziert und nüchtern als ein Bericht.
	Lexikonartikel	Eher knappe, sachliche Darstellung eines Themas.
	Vortragstext	Differenzierte Darstellung eines Themas, welche Zusammenhänge aufzeigt, Beispiele nennt und Gegenwartsbezüge herstellt.
Meinungsbetonte Texte = entfalten eine subjektive Meinung zum Thema und wollen den Leser von dieser Position überzeugen.	Kommentar	Meinunsbetonte, aber rational-sachliche Auseinandersetzung mit einem aktuellen Thema. Der Verfasser vertritt eine subjektive Meinung, die er mit Argumenten untermauert. **(Häufigste Zieltextsorte im Aufgabenformat „materialgestütztes Schreiben")**
	Glosse	Subjektive, kritische, oft ironische Auseinandersetzung mit einem aktuellen Thema. Der Verfasser schreibt pointiert, polemisch oder satirisch und nutzt rhetorische Mittel wie Wortspiele, Metaphern etc.
	Essay	Intensive reflexive Auseinandersetzung mit aktuellen gesellschaftlichen, wissenschaftlichen oder kulturellen Themen in einem oft unterhaltsamen Stil.
	Kolumne	Regelmäßig erscheinender Beitrag zu einem vom Verfasser frei gewählten Thema. Ähnlich dem Kommentar oder der Glosse.
	Rezension/ Kritik	Subjektive, kritische Auseinandersetzung mit einem kulturellen Beitrag (Film, Theater, Buch, Konzert, Ausstellung).
	Rede	Öffentlich, vor Publikum vorgetragene Mitteilung. Monologisch, doch z. T. Kontaktaufnahme zur Zuhörern (Begrüßung, Dank für Aufmerksamkeit). Je nach Anlass mit appellativer Funktion (politische Rede, Propaganda).

Aufgabenformat und Aufbau

Nachdem Sie bereits in der Unterstufe die mündliche Argumentation geübt haben, lernten Sie in der Mittelstufe die **lineare** und die **dialektische Erörterun**g kennen. In Klasse zehn, bis hin zum Abitur, wird Sie die **textgebundene Erörterung** im Deutschunterricht begleiten. Sie dient – wie die anderen Erörterungsformen auch – dazu, die eigene Meinung zu einer bestimmten Thematik sachlich und begründet zu äußern und den Leser von der eigenen Position zu überzeugen.

Im Unterschied zu den freien Erörterungsformen der Mittelstufe bildet bei der textgebundenen Erörterung ein vorliegender Textausschnitt (häufig ein Zeitungsartikel zu einem aktuellen Thema) den Ausgangspunkt. Sie müssen also zunächst den Gedankengang des Autors wiedergeben, dessen Argumentation analysieren und die eigene Argumentation in Auseinandersetzung mit der Position des Autors entwickeln. Im Gegensatz zu literarischen Texten handelt es sich bei den in diesem Aufgabenformat vorliegenden Texten um sogenannte pragmatische Texte, also um Sach- oder Gebrauchstexte.

Aufbau des Erörterungsaufsatzes

Einleitung	Nennung der Rahmendaten zum vorliegenden Text (Autor, Titel, Erscheinungsort, Erscheinungsdatum, Textart, Thema) Interesse wecken durch originelle Hinführung zu Thema oder Fragestellung
Hauptteil	Textanalyse: ▪ aspektorientierte Wiedergabe des Inhalts ▪ Darstellung der Argumentationsstruktur
	Erörterung: ▪ kritische Auseinandersetzung mit der Position des Verfassers ▪ Entfaltung einer eigenständigen Position
Schluss	Zusammenfassung/Fazit, Formulierung des eigenen Standpunkts, Ausblick

Einleitung

Die Einleitung hat zwei Funktionen:

1. Sie soll dem Leser **Orientierung** geben
   - Worum geht es? (Hinführung zum Thema)
   - Auf welchen Text bezieht sich der Aufsatz (Autor, Titel, Erscheinungsdatum/-ort, Textart)?
2. Sie soll den Leser **neugierig** machen, indem sie sein Interesse weckt (**Lesermotivation**).

Wie finde ich eine gute Einleitung?

- Suchen Sie nach einem aktuellen Bezug, der zum Thema hinführt.
- Schildern Sie eine persönliche Erfahrung, die allerdings verallgemeinerungsfähig sein muss.

- Überlegen Sie sich ein Beispiel aus der Vergangenheit, das in einem Bezug zum Thema steht.
- Schildern Sie eine beispielhafte Situation oder ein solches Ereignis.
- Zitieren Sie eine prägnante Äußerung oder ein Sprichwort zum Thema.

TIPP

Falls Ihnen gar nichts Passendes einfällt: Lassen Sie eine halbe Seite frei und beginnen Sie mit der Kernthese des Textes als Überleitung zum Hauptteil.
Verfassen Sie zunächst den Hauptteil und schreiben Sie Einleitung und Schluss erst, wenn die restliche Erörterung fertig ist.
Manchmal ist das einfacher, da man am Ende genau weiß, was man geschrieben hat und weil es dann leichter fällt, Einleitung und Schluss klar aufeinander zu beziehen, sodass sich der Schluss als Antwort auf die Einleitung liest.
Die Gefahr ist dabei aber, dass der rote Faden im Hauptteil verloren geht..

Überleitung

Am Ende der Einleitung ist es sinnvoll, das Thema der Erörterung noch einmal in eigenen Worten zu formulieren. Dies ist dann zugleich eine ideale Überleitung zum Hauptteil.

Hauptteil

Der Hauptteil sollte eine Binnengliederung aufweisen in:

1. Textanalyse
   - Inhaltswiedergabe
   - Darstellung der Argumentationsstruktur
2. Erörterung
   - kritische Auseinandersetzung mit den Argumenten des Autors (siehe den folgenden Abschnitt Argumente/Argumentieren
   - Entfaltung einer eigenständigen Position

Die Textwiedergabe

Zu Beginn des Hauptteils steht ein knappe Inhaltswiedergabe. Dies gilt nicht nur für die Texterörterung, sondern auch für die Textanalyse und den Interpretationsaufsatz. Wichtig dabei ist, dass Sie nicht in eine Nacherzählung rutschen und noch nicht beginnen, die Textaussagen zu kommentieren.

- Die Textwiedergabe steht im Präsens. Vorgänge aus der Vergangenheit stehen im Perfekt.
- Die Aussagen des Autors müssen paraphrasiert, also in eigenen Worten wiedergegeben werden.
- Nur Wesentliches kommt in die Textwiedergabe. Details und Beispiele bleiben draußen. Vermeiden Sie Wiederholungen. Orientieren Sie sich bei der Auswahl relevanter Aspekte immer an der Erörterungsfrage (= Aspektorientierung).
- Benutzen Sie keine direkte Rede, sondern paraphrasieren Sie → indirekte Rede (siehe Kap. Sprache und Grammatik)
- Längere Zitate gehören nicht in die Textwiedergabe.

- Bewertungen und eigene Meinungsäußerungen haben in der Textwiedergabe nichts zu suchen.
- Die Sprache ist nüchtern-sachlich und um Objektivität und Inhaltstreue bemüht.
- Die Textwiedergabe ist logisch und nachvollziehbar aufgebaut.
- Die Reihenfolge muss nicht linear dem Textaufbau folgen, sondern kann aspektorientiert sein.
- Wenn Sie eine reine Textwiedergabe verfassen, ist auch hier eine Gliederung in Einleitung – Hauptteil – Schluss erkennbar.
  Einleitung: Basissatz mit Titel, Autor, Textsorte, Erscheinungsdatum, Ort, Thema/Kernthese
  Schluss: vermutete Intention (Wirkungsabsicht) des Textes

Wenn die Textwiedergabe der Hinführung zu einer Textanalyse, Erörterung oder Interpretation dient, entfällt dies, da die Basisinformationen bereits in der Einleitung des Aufsatzes gegeben werden und der Schluss sich auf das Erörterungs-/Interpretationsthema bezieht.

Schluss

Machen Sie am Ende der Erörterung nochmals Ihre eigene Position deutlich. Fassen Sie dazu die wichtigsten Ergebnisse Ihrer Argumentation in einem Fazit zusammen. Geben Sie einen Ausblick auf mögliche Lösungen, eine neue Problemstellung oder offene Fragen.

TIPP

Lesen Sie abschließend nochmals Ihre Einleitung und überprüfen Sie, ob der Schluss einen Bogen zur Einleitung schlägt, indem Sie beispielsweise den Aufhänger (aktueller Bezug o.ä.) wieder aufgreifen.

Argumente/Argumentieren

HINWEIS

Machen Sie sich klar, dass jedes Wort, jede Satzkonstruktion, der gesamte Textaufbau vom Verfasser **bewusst** so gewählt wurde, dass also eine bestimmte Wirkungsabsicht dahinter steht. Diese gilt es zu ergründen.
Behalten Sie daher stets die Frage im Hinterkopf:
Welche Funktion hat das? Was bewirkt das? (z. B. der Ausruf, die rhetorische Frage, die Stellung der Kernthese am Textende o.ä.)

Die Darstellung der Argumentationsstruktur kann mit der Inhaltswiedergabe verknüpft werden. Dieser Schritt geht insofern über die reine Wiedergabe von Textinhalten hinaus, als es hier darum geht, die Funktion der einzelnen Aussagen zu benennen:

- Welche Aussage stellt die zentrale These dar und wo steht sie im Text (Anfang, Ende oder an welcher Stelle sonst)?
- Welche Aussagen dienen als Begründungen – oder werden bloß Behauptungen aufgestellt?
- Wie werden die Argumente untermauert (Beispiele, Belege, Zitate)?
- Wird linear oder antithetisch (beleuchtet beide Seiten) argumentiert?
- Welche sprachlichen Mittel (Vergleiche, Metaphern etc.) werden genutzt, um den Leser zu überzeugen?
- Benutzt der Verfasser sachliche Argumente oder manipulative Mittel?

Kleine Wiederholung: Der Aufbau eines Arguments

Übersicht Argumentationstypen

Fakten-argument	Die Behauptung kann durch Hinweise auf leicht überprüfbare Tatsachen gestützt werden (z. B. wissenschaftliche Erkenntnisse, statistische Daten), z. B.: „Die Shell-Jugendstudie (2019) zum Medienkonsum zeigt eindeutig ....“ „Heute schließen mindestens ebenso viele Mädchen die Schule mit dem Abitur ab wie Jungen.“
Autoritäts-argument	Berufung auf anerkannte Autorität auf dem Gebiet (Experte, Politiker, Wissenschaftler), z.B.: „Wie unsere Bildungsministerin kürzlich betonte ...“
Normatives Argument/ Werte-argument	Die Begründung verweist auf allgemein akzeptierte Wertmaßstäbe, Gesetze oder Normen, wie Meinungsfreiheit, Menschenrechte. z.B. „Seit es die Schulpflicht gibt, lernen alle Kinder Lesen und Schreiben, was eine wichtige Voraussetzung für gesellschaftliche Teilhabe ist.“

Manipulative Mittel

Während sachliche Argumente den Leser von deren Richtigkeit überzeugen wollen, zielen manipulative Mittel darauf ab, den Leser zu beeinflussen, indem etwa bestimmte Emotionen geweckt werden.

- Dramatisieren und übertreiben
- Polarisieren und einseitige Wiedergabe
- Negative Assoziationen erzeugen
- Pauschalurteile fällen

Kritische Auseinandersetzung mit den Argumenten des Autors

Ihre Aufgabe ist es, in Auseinandersetzung mit den Argumenten des Autors zu einer **eigenen Position** zu finden. Diese soll erkennbar über die Argumente des Textes hinaus gehen. Es ist nicht nötig, jede einzelne Aussage des Textes zu bewerten, Sie sollten sich vielmehr grundsätzlich zur zentralen These des Textes positionieren und anhand zentraler Argumente aufzeigen, warum Sie dem Verfasser widersprechen oder zustimmen. Sie haben grundsätzlich drei Möglichkeiten sich zu positionieren:

1. **Begründete Zustimmung**
   - Ergänzen Sie weitere Argumente, die die Autorposition unterstützen (z.B. eigene Erkenntnisse und Erfahrungen), entkräften Sie mögliche Gegenpositionen und zeigen Sie auf, warum die Argumentation des Verfassers plausibel und stimmig ist.
2. **Begründeter Widerspruch**
   - Entkräften Sie die Argumente inhaltlich durch eigene Gegenargumente und Gegenbeispiele und zeigen Sie auf, warum die Argumente nicht stichhaltig sind.
3. **Teilweise Zustimmung/teilweiser Widerspruch**
   Dies ist wohl die häufigste Art der eigenen Positionierung.
   - Begründen Sie, inwieweit Sie dem Verfasser zustimmen können, zeigen Sie aber auch auf, wo z. B. eine Argumentation lückenhaft ist, welche Aspekte nicht berücksichtigt wurden und warum Sie manche Ansichten nicht teilen.

Achtung:
Achten Sie darauf, deutlich zu machen, wo Sie Textaussagen wiedergeben und wo Sie eigene Argumente formulieren.

TIPP

Bei der Binnengliederung des Hauptteils sollten Sie nicht linear die Argumente des Textes abklappern, sondern eine Auswahl treffen, auf welche Textaussagen Sie eingehen möchten und bewusst entscheiden, in welcher Reihenfolge Sie Ihre Argumente anordnen.
Dabei sollte Ihr stärkstes Argument am Schluss stehen.

Arbeitsschritte

1. Vorarbeit für den Aufsatz

Worum geht es in dem Text?

- Notieren Sie nach dem ersten Lesen einen ersten **Leseeindruck**.

In welche Sinnabschnitte lässt sich der Text einteilen?

- Formulieren Sie **Zwischenüberschriften**.

Welche Funktion haben die einzelnen Abschnitte?

- Benennen Sie die einzelnen Aussagen nach ihrer **Funktion** (z.B. Beleg, Autoritätsargument)

Welche Position vertritt der Autor?

- Notieren Sie die **zentrale These**.

Wie argumentiert der Autor?

- Notieren Sie seine **zentralen Argumente.**

Wie stehe ich zur Autorposition?

- Notieren Sie neben These und Argumenten des Autors Ihre **eigenen Gedanken**:
  Warum kann ich dem zustimmen oder nicht?
  Welche Argumente lassen sich ergänzen?

TIPP

Häufig fällt es schwer, mit seinen eigenen Gedanken erkennbar über die Argumente des Verfassers hinaus zu kommen.
Machen Sie daher schon nach dem Erfassen des Themas ein **Brainstorming** und notieren Sie alles, was Ihnen zum Thema einfällt.
Das kann Ihnen helfen, ausreichend eigene Gedanken zu entwickeln.

2. Verfassen des Aufsatzes

- Erstellen Sie aus den obigen Notizen einen Schreibplan.
- Formulieren Sie den Erörterungsaufsatz.

Beispiel Schreibplan

Einleitung	Autor/Titel/Thema; Zitat von ... als Aufhänger
Zentrale These	Wiedergabe der zentralen These
Wichtige Argmente des Textes	Ich stimme zu, weil ... Ich stimme nicht zu, weil ...
eigene Stellungnahme zu den Argumenten des Textes	Pro (zustimmende Argumente) und Contra (entkräftende Argumente)
Eigene Beispiele	
Schluss	Mein Fazit + Ausblick

2. Überarbeiten des Aufsatzes

- Ist der Aufsatz klar gegliedert?
- Weckt die Einleitung Interesse?
- Ist die Inhaltswiedergabe knapp, aspektorientierte und im Präsens verfasst?
- Wird bei der Analyse der Argumentationsstruktur die Funktion der Aussagen benannt?
- Wird deutlich, wo Sie Textaussagen wiedergeben und wo Sie eigene Argumente formulieren?
- Haben Sie durchgehend korrekt paraphrasiert (Konjunktiv der indirekten Rede, siehe S. 26)
- Haben Sie korrekt zitiert und Textbelege genannt?
- Werden die eigenen Argumente deutlich? Sind sie plausibel und gut begründet?
- Geht das Fazit stimmig aus dem Hauptteil hervor?
- Lässt sich im Schlussteil ein Bogen zur Einleitung erkennen?
- Ist die Sprache sachlich und verständlich?
- Haben Sie den Aufsatz auf sprachliche Fehler (Rechtschreibung, Zeichensetzung, Grammatik) hin geprüft?

Aufgabenbeispiele

Jan Fleischhauer

Auf dem Weg zur Trottelsprache

Erst „Pippi Langstrumpf", jetzt die „Kleine Hexe": Nach den Schulbüchern werden die Kinderbücher politisch korrekt umgeschrieben. Die Frage ist: Wer soll hier eigentlich vor wem geschützt werden?

Darf man eigentlich noch Eskimo sagen? Sprachwissenschaftler haben herausgefunden, dass Eskimo von einem Wort abstammt, das übersetzt so viel wie „Rohfleischesser" bedeutet. So will man natürlich niemanden bezeichnen, schon gar nicht in Zeiten, in denen der Genuss rohen Fleisches über gesundheitliche Gründe hinaus als hochbedenklich gilt. Deshalb wäre mein Ratschlag an alle, die sich zu den aufgeklärten Zeitgenossen zählen:

Reden Sie lieber von Inuit, Einzahl Inuk. So wird es auch in den Schulen gelehrt, so steht es in den Zeitungen.
Inzwischen ist man sich weitgehend einig, dass die Sache mit dem Rohfleisch Unsinn ist. Vermutlich leitet sich Eskimo von einem Wort ab, das „Schneeschuhflechter" bedeutet. Die kanadische Anthropologin José Mailhot glaubt, dass Eskimo einfach heißt: „Menschen, die eine andere Sprache sprechen." Man sieht, die Linguistik hat sich wirklich ernsthaft mit dem Problem auseinandergesetzt. Aber das alles ändert nichts daran, dass vom Gebrauch nur abgeraten werden kann. Eskimo ist out. Man sagt schließlich auch nicht mehr Indianer, wenn man von den Ureinwohnern Amerikas redet (kleiner Tipp: Es heißt indigene Völker!).
Man kann bei dem Thema gar nicht vorsichtig genug sein. Auf Unworte folgen leicht Untaten, das wusste schließlich schon der ehemalige Bundespräsident Johannes Rau. Der Thienemann-Verlag hat jetzt beschlossen, „Die kleine Hexe" von verfänglichen Wörtern zu säubern. In einer Szene, in der sich Kinder als Türke, Chinesenmädchen und „Neger" verkleiden, wie es dort noch unbedacht heißt, sollen nach der Überarbeitung andere Verkleidungen stehen.

Vorauseilende Entschuldigungsbereitschaft

Ganz einfach wird die Operation nicht: Indianer oder Eskimos fallen aus den oben beschriebenen Gründen aus. Auch Araber oder Zigeuner verbieten sich, weil rassistisch beziehungsweise islamfeindlich. Selbst Hexe ist heute irgendwie diskriminierend. Trotzdem müssen nach dem Klassiker von Otfried Preußler bei Thienemann nun alle Kinderbücher auf den Prüfstand, um sie von „veralteten und politisch nicht mehr korrekten Begrifflichkeiten" zu befreien, wie Verleger Klaus Willberg angekündigt hat. Willberg folgt dabei einem allgemeinen Trend: In „Pippi Langstrumpf" wurde schon vor längerem aus dem „Negerkönig" ein „Südseekönig", wie man bei dieser Gelegenheit erfuhr.
Man soll niemanden beleidigen oder kränken. Eine Rücksichtnahme auf die Empfindlichkeiten anderer gehört zu den guten Umgangsformen. Die Frage ist nur: Wer wird hier vor wem geschützt? Oft reicht schon der Verdacht, jemand könnte sich in seinen Gefühlen verletzt fühlen, um zu einer Sprachbereinigung zu schreiten. Es ist die vorauseilende Entschuldigungsbereitschaft, die das politische Lektorat vom Ernsthaften ins Lächerliche führt.
Ich zum Beispiel habe noch nie einen Schwarzen getroffen, der daran Anstoß genommen hätte, dass in Deutschland über Jahrzehnte die berühmten Negerküsse und Mohrenköpfe verkauft wurden. Das mag daran liegen, dass ich die falschen Schwarzen kenne. Aber vielleicht ergeht es den Leuten, die ich treffe, auch einfach wie den Berlinern, denen es herzlich egal ist, wie die entsprechenden Krapfen heißen. Vermutlich leben in Deutschland auch nicht sehr viele Inuit, die es als Kränkung empfänden, wenn wir weiterhin von Eskimos sprechen würden.

Ein Inuk des Medienzeitalters

Mag sein, dass ich bei dem Thema, herkunftsbedingt, zu wenig sensibel bin. Zu meinen Ausbildern in der Journalistenschule gehörten nicht die braven Menschen aus Darmstadt, die jedes Jahr das Unwort des Jahres suchen, sondern der strenge Sprachlehrer Wolf Schneider, der für politische Vorgaben wenig Interesse hatte und Burkina Faso unverdrossen weiter Obervolta nannte, weil er nicht bei jedem drittklassigen Militär-

putsch die nächste Staatsumbenennung mitmachen wollte, wie er uns leichthin mitteilte. Sprache sollte bei Schneider vor allem kraftvoll und anschaulich sein. Damit gehörte er selbst zu einer aussterbenden Art, ein Inuk des Medienzeitalters sozusagen.
Man kommt schnell in Untiefen, wenn man sich auch sprachpolitisch als Kosmopolit erweisen will. Niemand fliegt heute mehr nach Bombay. Alle Welt reist stattdessen nach Mumbai, so steht es in den Reiseführern, so listet die Lufthansa die indische Metropole in ihren Flugplänen auf. Leider ist Mumbai keine Erfindung indischer Freiheitskämpfer, die nachträglich das koloniale Erbe abschütteln wollen, sondern ein Begriff der Hindu-Nationalisten, die mit dieser Umbenennung ihren Machtanspruch gegen die Muslime demonstrieren.
Je weiter man vordringt, desto komplizierter wird es. Der „Zentralrat Deutscher Sinti und Roma" findet es beleidigend, wenn man von Zigeunern spricht, deshalb hat sich in Deutschland im offiziellen Sprachgebrauch „Sinti und Roma" eingebürgert. Die „Sinti Allianz" in Köln wiederum plädiert für die Beibehaltung des alten Begriffs, weil das nun einmal über Hunderte von Jahren die herkömmliche Bezeichnung war. Außerdem sind die Roma zwar die größte Gruppe der Zigeuner, aber beileibe nicht die einzige.

Professionelle Minderheitenschützer

Als die Schriftstellerin Herta Müller zu Besuch in Rumänien war, stellte sie überrascht fest, dass viele dort auf keinen Fall Roma genannt werden wollen, weil sie sich dadurch ausgeschlossen fühlen: „Ich bin mit dem Wort ‚Roma' nach Rumänien gefahren, habe es in den Gesprächen anfangs benutzt und bin damit überall auf Unverständnis gestoßen." Kaum ist ein neuer Begriff gefunden, vergeht etwas Zeit, bis auch dieser als abwertend empfunden wird. Die beklagte Benachteiligung oder Zurücksetzung einer Minderheit ändert sich ja noch nicht dadurch, dass man anders über sie spricht.
So wird die „Euphemismus-Tretmühle" in Gang gesetzt, wie der amerikanische Harvardprofessor Steven Pinker diesen Vorgang genannt hat. Auf Ausländer folgt Migrant, auf Migrant der Mensch mit Migrationshintergrund. Wenn auch das pejorativ klingt, wendet man sich der anderen Seite zu und spricht von Pass- beziehungsweise Bio-Deutschen. Irgendwann ist man bei der Trottelsprache. Dann ist der Behinderte nicht mehr behindert, sondern „anders befähigt" beziehungsweise ein „Mensch mit anderen Bedürfnissen".
Den Stein ins Rollen gebracht hat im jüngsten Fall übrigens die Heinrich-Böll-Stiftung, wie man der aktuellen „Zeit" entnehmen kann. Mekonnen Mesghena vom Referat „Migration & Diversity" fand die „Kleine Hexe" beim Vorlesen so „rassistisch", dass er umgehend den Verlag alarmierte. Wer sich berufsbedingt mit Fremdenfeindlichkeit beschäftigt, kommt möglicherweise nicht umhin, hinter jedem Satz und Strauch eine Diskriminierung zu wittern.
Dass die professionellen Minderheitenschützer dabei einen merkwürdigen Paternalismus pflegen, ist eine Pointe, die den meisten zu entgehen scheint. Wer Minderheiten in Sprachwatte packt, weil sie angeblich so kränkungsempfindlich sind, kann sich offenbar nicht vorstellen, dass Stolz und Selbstbewusstsein dort groß genug sein könnten, um über ein paar Worte in einem Kinderbuch hinwegzusehen. Diese Geisteshaltung ist dem Neokolonialismus in jedem Fall sehr viel verwandter als dem vielbeschworenen Ideal der Emanzipation.

Jan Fleischhauer, DER SPIEGEL (online), 17.01.2013. https://www.spiegel.de/politik/deutschland/warum-kinderbuecher-politisch-korrekt-umgeschrieben-werden-a-878115.html

1 **Stellen Sie die Hauptaussagen und die Intention des Textes dar.**

2 **Erörtern Sie, ob Kinderbücher umgeschrieben werden sollten, um Diskriminierung zu vermeiden.**

Reto Stauffacher

Kommentar: Facebook sperrt Trump

Nach dem Sturm seiner radikalen Anhänger auf das Kapitol im Januar 2021 war Donald Trump auf den zum Meta-Konzern gehörenden Online-Plattformen Facebook und Instagram gesperrt worden. Diese Sperrung wurde 2023 aufgehoben. Bei Beginn seiner zweiten Amtszeit zahlte Meta 25 Millionen US-Dollar an Trump, um den Streit beizulegen.

Die sozialen Netzwerke gehen gegen Trump so rigide vor wie nie zuvor. Auch wenn die Sperre folgerichtig erscheint, die Probleme von Facebook sind noch lange nicht gelöst. Twitter verbannte Trump zunächst nur für zwölf Stunden von seiner Plattform. Am Freitag gab der Kurznachrichtendienst schliesslich bekannt, dass das Profil des Präsidenten permanent gesperrt bleiben werde. Auch Facebook blockiert Trumps Konto bis mindestens Mitte Januar. Die sozialen Netzwerke, das liebste Spielzeug des amerikanischen Präsidenten, haben ihren einflussreichsten Nutzer tatsächlich von ihren Plattformen geschmissen.

Diese Entscheidung wird von vielen bejubelt, doch sie ist vor allem eines: Ein noch nie da gewesener Eingriff in die politische Debatte. Das «Deplatforming» des Präsidenten ist ein PR-Coup, Facebook und Twitter handeln opportunistisch. Trump ist ohnehin abgewählt, er verliert seine Relevanz, die Ausschreitungen im Capitol waren das hässliche Ende seiner Amtszeit – er kann jetzt ohne Reue und unter tosendem Applaus für eine gewisse Zeit ausgesperrt werden. Das Problem Trump ist so für die Plattformen, zumindest vorerst, erledigt.

Trump perfektionierte die Facebook-Nutzung

Doch die Probleme, vor allem von Facebook, sie bleiben. Trump ist bei weitem nicht der Einzige, der die sozialen Netzwerke für seine Zwecke nutzt. Politiker und Organisationen in aller Welt tun es ebenso: Sie posten emotionale Inhalte, verdrehen Tatsachen, gehen auf Stimmenfang und buhlen um Aufmerksamkeit. Sie bedienen so gezielt die Logik des Facebook-Algorithmus. Und wenn der Beitrag die gewünschte Wirkung verfehlt, setzen hochprofessionelle Marketingteams Anzeigen auf und bezahlen Tausende von Franken, um die Reichweite zu erhöhen und die Zielgruppe punktgenau zu erreichen. Trump ist nur die Spitze des Eisbergs – das eigentliche Problem ist das Geschäftsmodell von Facebook, das eine Politik wie jene von Trump befördert.

Denn Facebook hat schon seit vielen Jahren ein riesiges Problem mit Hassrede und Falschinformationen. Wer die Anwendung öffnet, wird vor allem mit Negativität konfrontiert: Wut, Frust, Hass. Facebook macht keinen Spass mehr. Ursprünglich konzipiert für das Teilen von Katzenvideos und Ferienbildern, ist der Algorithmus für politische und gesellschaftliche Debatten schlicht nicht geeignet. Die Funktionsweise der Plattform folgt

nämlich der Logik, dass Inhalte, die viele Interaktionen und Kommentare auslösen, bevorzugt behandelt werden. Das führte zu Beginn dazu, dass besonders sehenswerte Katzenvideos auch von besonders vielen Nutzern angeschaut werden konnten. Inzwischen führt es aber dazu, dass nicht die süssesten, sondern die aufwühlendsten Beiträge auf grosse Reichweiten kommen.
Dass Facebook die Interaktion der Nutzer ins Zentrum der Anwendung stellte – im Gegensatz beispielsweise zu Instagram, wo die Inhalte der Nutzer das Gerüst bilden –, rächte sich. Erst als der Konzern realisierte, dass die eigene Reputation Schaden nimmt und grosse Werbekunden sich verärgert abwandten, verstärkte er den Kampf gegen den grassierenden Hass. Facebook löscht inzwischen zu Hunderttausenden Inhalte, die zu Gewalt aufrufen oder die Demokratie untergraben, und sperrt Nutzer, die diese Inhalte verbreiten – und zwar so viele wie noch nie. Trotzdem reicht das nirgends hin.

Facebook schaute jahrelang zu

In den «Gemeinschaftsstandards» von Facebook steht unter anderem: «Unser Ziel ist es, potenziellen Schaden in der Offline-Welt zu verhindern, der möglicherweise im Zusammenhang mit Inhalten auf Facebook steht.» Das ist legitim – doch es gilt nicht für alle. Trump reizte die Grenze des Sagbaren aus, seit er seine Präsidentschaftskampagne gestartet hatte. Er nutzte die sozialen Netzwerke virtuos, baute sich eine treue Anhängerschaft auf, trieb die republikanische Partei vor sich her und schaffte es ins Weisse Haus. Facebook und Twitter wirkten ungewollt als Katalysatoren seiner Politik. Aber sie liessen es zu, denn die Aufmerksamkeit war ihnen gewiss. Es ist das gleiche Dilemma, in das auch die Medien gerieten: Trump war ein Ärgernis, aber er brachte Klicks und damit Einnahmen. Die Plattformen sind nicht dafür verantwortlich, was ihre Nutzer posten – aber dafür, wie es sich verbreitet..

www.nzz.ch/meinung/facebook-sperrt-trump-und-wird-dafuer-bejubelt-dabei-ist-die-massnahme-vor-allem-ein-pr-coup-ld.1595467 (Zugriff am 11.9.2021) – Neue Zürcher Zeitung (NZZ) 9.1.2021
Die Schreibweise folgt dem Originaltext. Hinweis: In der Schweiz wird seit einiger Zeit kein „ß“ verwendet.

3 **Stellen Sie Gedankengang und Intention des Textes dar.**

4 **Erörtern Sie, ob es richtig ist, wenn Tech-Konzerne darüber entscheiden, welche Inhalte auf ihren Plattformen verbreitet oder gelöscht werden.**

Zwischentest

1 In welche zwei Teile gliedert sich der Hauptteil des Erörterungsaufsatzes? /2

....

....

2 Nennen Sie drei Argumentationstypen. /3

....

....

....

3 Bestimmen Sie den Unterschied zwischen a) informationsbetonten und b) meinungsbetonten Texten. /2

....

....

....

4 Arbeiten Sie drei Argumente Jan Fleischauers aus dem Text „Auf dem Weg zur Trottelsprache“ heraus und positionieren Sie sich dazu. /3

Gesamtpunktzahl /10

Kontrollieren Sie Ihre Ergebnisse mithilfe der Lösungen (S. 138) und addieren Sie die erreichten Punkte.

☐ 10 bis 9 Punkte: 🙂 ☐ 8 bis 6 Punkte: 😐 ☐ 6 bis 0 Punkte: 😕

Die Erörterung literarischer Texte

Vorschau:

- Erläuterung des Aufgabenformats
- Der Operator „Erörtern“
- Analyseaspeekte und Varianten der Aufgabenstellung
- Arbeitsschritte

Erläuterung des Aufgabenformats

Bei diesem Aufgabenformat geht es darum, eine vorgegebene These oder strittige Frage inhaltlich auf ein oder zwei literarische Werke zu beziehen und zu prüfen, ob und inwieweit Sie dem zustimmen können.
Der Hauptunterschied zum Erörtern von Sachtexten liegt darin, dass Sie die literarischen Werke, auf die sich die Erörterung bezieht, bereits aus dem Unterricht kennen, weshalb Sie sich inhaltlich gut darauf vorbereiten können. Die Schwierigkeit ist jedoch, dass neben der literarischen Textstelle ein z. T. komplexer, sogenannter Außentext vorliegen kann, den Sie zunächst einmal erfassen müssen, um ihn dann erörternd auf den literarischen Text zu beziehen.

Aufbau des literarischen Erörterungsaufsatzes

Einleitung	Nennung der Rahmendaten zum literarischen Text (Titel, Autor, Textart, Erscheinungsjahr, Thema) und ggf. zum Außentext Interesse wecken durch Hinführung zum vorgegebenen Erörterungsthema
Hauptteil	Inhaltswiedergabe: ▪ Wiedergabe der zentralen Aussagen von Außentext oder Zitat ▪ Überleitung zum literarischen Text
	Erörterung: ▪ kritische Auseinandersetzung mit der vorgegebenen These, Fragestellung oder Aussage des Außentexts (je nach Aufgabenstellung linear oder dialektisch).
Schluss	Zusammenfassung/Fazit Anwendung der These auf das literarische Werk

Der Operator „Erörtern“

Der Operator „Erörtern“ gehört zu den übergeordneten Operatoren, da er Teiloperationen aus allen drei Anforderungsbereichen verlangt:

Anforderungsbereich 1: Reproduktion:
Zunächst müssen Sie den Inhalt des vorliegenden Textes in eigenen Worten wiedergeben.

Anforderungsbereich 2: (Re-)Organisation und Transfer:
Dann stellen Sie Zusammenhänge her zwischen der strittigen Fragestellung/These und dem literarischen Text.

Anforderungsbereich 3: Urteilsfindung und Problemlösen:
Schließlich kommen Sie zu einer begründeten eigenen Einschätzung und legen Ihre Position dar.

Auch die **Operatoren** sich *auseinandersetzen mit, Stellung nehmen, diskutieren, kommentieren, (über-)prüfen, (be-)werten und (be-)urteilen*, welche häufig in Aufgabenstellungen zu diesem Aufsatztyp zu finden sind, fordern eine Erörterungsleistung, indem von Ihnen verlangt wird, dass Sie sich kritisch, differenziert und argumentativ mit einem Thema befassen, Pro und Kontra abwägen, unterschiedliche Perspektiven berücksichtigen und ein begründetes Urteil fällen. Damit folgt das Erörtern – egal ob bezogen auf pragmatische oder literarische Texte – einer rational-sachlichen Logik. Achten Sie daher auch darauf, Ihre Argumentation sehr strukturiert aufzubauen.

In Ihrer Argumentation sollten Sie eine **klar erkennbare Position** beziehen. Wie bei der Erörterung pragmatischer Texte stehen Ihnen hier drei Möglichkeiten zur Wahl:
Begründeter Widerspruch, begründete Zustimmung oder teilweise Übereinstimmung.

Analyseaspekte

Worauf könnte sich eine **Erörterungsfrage** beziehen? Das lässt sich natürlich nicht vorhersagen und ist abhängig vom jeweiligen Werk. Im Unterricht werden Sie die zentralen Themen und Konflikte besprechen. Diese sollten Sie gut kennen. Meist spielen neben zentralen inhaltlichen Themen (häufig zeitlose menschliche Grundprobleme wie Liebe, Tod, Freundschaft, Freiheit vs. Bindung, Persönlichkeitsentwicklung, Künstlerproblematik) die üblichen Untersuchungsaspekte für Prosatexte eine Rolle.

Varianten der Aufgabenstellung

Dieses Aufgabenformat kann Ihnen in drei Varianten begegnen:

1. In der Aufgabenstellung wird ein literarischer **Textauszug** (oder mehrere) vorgegeben, dazu eine **These**, ein knappes **Zitat** oder eine explizite **Fragestellung**, die Sie erörtern sollen.
2. In der Aufgabenstellung wird **kein** literarischer **Textauszug** vorgegeben, aber eine **These**, ein knappes **Zitat** oder eine explizite **Fragestellung**, die Sie in Bezug auf das gesamte Werk erörtern sollen.
3. In der Aufgabenstellung wird **kein** literarischer **Textauszug**, jedoch ein **Außentext** vorgegeben, dessen Kernthema Sie selbst erschließen müssen, um daraus das **Erörterungsthema** abzuleiten. Der Außentext kann beispielsweise ein wissenschaftlicher Text aus der literaturwissenschaftlichen Forschung sein oder eine programmatische Aussage eines Schriftstellers. Auch hier wird die Erörterungsfrage auf das gesamte Werk (oder vergleichend auf zwei Werke) angewendet und nicht auf eine bestimmte

Textstelle. In diesem Fall sind besonders gute Textkenntnisse erforderlich, da Sie selbst entscheiden müssen, welche Textstellen für den Untersuchungsaspekt relevant sind.

TIPP

Leitmotive ziehen sich oft wie Perlen an einer Schnur durch das literarische Werk. In der Klausurvorbereitung ist es empfehlenswert, zu zentralen Themen und Motiven die relevanten Textstellen herauszusuchen. Wenn das Erörterungsthema sich darauf bezieht, kennen Sie bereits alle relevanten Textstellen, auf die Sie in der Erörterung eingehen sollten.
Beispiel: In *Der Sandmann* stellt der Themenkomplex „Augen“ ein Leitmotiv dar:

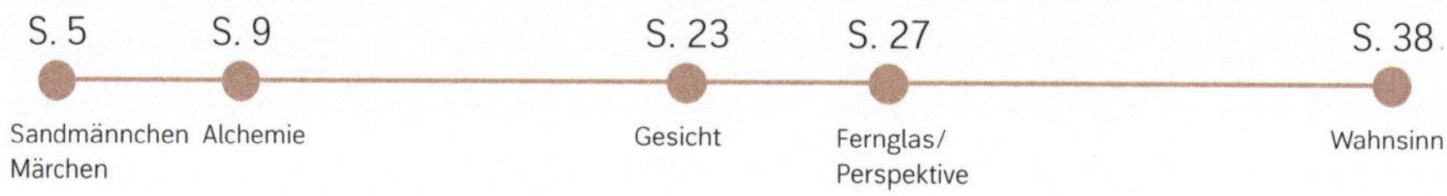

Arbeitsschritte

1. Vorarbeit
Habe ich die Aufgabenstellung richtig verstanden?

- Formulieren Sie die Erörterungsfrage **in eigenen Worten**. Beachten Sie den Operator.

Habe ich den Außentext/das Zitat/die vorgegebene Fragestellung richtig verstanden?

- Formulieren Sie das Thema Ihres Aufsatzes in eigenen Worten.
- Klären Sie die **Bedeutung relevanter Begriffe** (z.B. Liebe, Individualität, Selbstzerstörung).

Inwieweit trifft die vorgegebene Aussage/These/Fragestellung auf den literarischen Text zu?

- Notieren Sie **Textstellen**, die später zitiert werden sollen, und **Stichworte** zur Begründung.

Beispiel für die Vorarbeit

Vorgegebene These, die erörtert werden soll	
Mit dem Auftauchen von Coppelius bei Nathanael beginnt ein Prozess der Selbstzerstörung.	
Trifft auf Primärtext zu, ■ weil Nathanael sich danach in Olimpia verliebt (S. 29). ■ weil Olimpias Zerstörung seinen Wahnsinn auslöst (S. 38).	**Trifft nicht auf Primärtext zu,** ■ weil Nathanael sich das Wiederauftauchen von Coppelius nur einbildet. Coppola und Coppelius sind in Wahrheit nicht identisch (S. 16).

Falls ein **Werkvergleich** gefordert ist: Welche Gemeinsamkeiten und Unterschiede zeigen sich?

- Erstellen Sie eine Tabelle und formulieren Sie Vergleichskriterien.

Beispiel: Erörterungsthema zielt auf das Thema „Freiheit“

Vergleichskriterien	Werk 1	Werk 2
z. B. Freiheitsbegriff, Freiheit des Protagonisten, Gründe für Unfreiheit, Entwicklung im Laufe der Handlung, Ziel		

2. Verfassen des Aufsatzes

- Erstellen Sie einen Schreibplan.
- Lässt sich ein Interesse weckender Einstieg finden?
- Formulieren Sie den Hauptteil der Erörterung.
- Lässt sich im Schlussteil ein Bogen zur Einleitung schlagen?

3. Überarbeiten des Aufsatzes

- Ist der Aufsatz klar gegliedert?
- Werden die Kernthesen des Außentextes in eigenen Worten wiedergegeben?
- Werden die eigenen Argumente deutlich? Sind sie plausibel und gut begründet?
- Sind alle zentralen Aussagen durch Textstellen belegt?
- Geht das Fazit stimmig aus dem Hauptteil hervor?
- Ist die Sprache sachlich und verständlich?
- Haben Sie den Aufsatz auf sprachliche Fehler (R, Gr, Z) hin geprüft?

Aufgabenbeispiele

Beispiel 1: Ohne Textauszug, mit vorgegebenem Erörterungsaspekt

Die folgende Aufgabenstellung bezieht sich auf: **E.T.A. Hoffmann, Der Sandmann** (1816). Zur Lösung dieser Beispielaufgabe müssen Sie diese Erzählung kennen. Sie finden den Text in diversen Buchausgaben oder auch unter:
www.projekt-gutenberg.org/etahoff/sandmann/index.html

Der Literaturwissenschaftler Winfried Freund kommt zu dem Schluss:
„Mit Coppelius läßt Hoffmann die drohende Gefahr menschlicher Selbstzerstörung, den Dämon der Verblendung ins Leben treten, der den Menschen Sand in die Augen wirft.“

1 **Erörtern Sie auf der Grundlage Ihres eigenen Textverständnisses, inwiefern mit dem Auftauchen von Coppelius bei Nathanael ein Prozess der Verblendung und Selbstzerstörung beginnt.**

Beispiel 2: Mit Auszug aus einem literarischen Werk und vorgegebener Erörterungsfrage

★ 2 **In der Erzählung *Der Sandmann* erweist sich das Sehen wiederholt als unzuverlässig. Erörtern Sie ausgehend von der vorliegenden Textstelle, inwiefern die Unzuverlässigkeit des Sehens zu Nathanaels Wahnsinn beiträgt.**

E. T. A. Hoffmann

Der Sandmann (Auszug)

Er [Nathanael, der Protagonist] ergriff ein kleines sehr sauber gearbeitetes Taschenperspektiv und sah, um es zu prüfen, durch das Fenster. Noch im Leben war ihm kein Glas vorgekommen, das die Gegenstände so rein, scharf und deutlich dicht vor die Augen rückte. Unwillkürlich sah er hinein in Spalanzanis Zimmer; Olimpia saß, wie gewöhnlich, vor dem kleinen Tisch, die Arme darauf gelegt, die Hände gefaltet. – Nun erschaute Nathanael erst Olimpias wunderschön geformtes Gesicht. Nur die Augen schienen ihm gar seltsam starr und tot. Doch wie er immer schärfer und schärfer durch das Glas hinschaute, war es, als gingen in Olimpias Augen feuchte Mondesstrahlen auf. Es schien, als wenn nun erst die Sehkraft entzündet würde; immer lebendiger und lebendiger flammten die Blicke. Nathanael lag wie festgezaubert im Fenster, immer fort und fort die himmlisch-schöne Olimpia betrachtend.[...]

Olimpia spielte den Flügel mit großer Fertigkeit und trug ebenso eine Bravour-Arie mit heller, beinahe schneidender Glasglockenstimme vor. Nathanael war ganz entzückt; er stand in der hintersten Reihe und konnte im blendenden Kerzenlicht Olimpias Züge nicht ganz erkennen. Ganz unvermerkt nahm er deshalb Coppolas Glas hervor und schaute hin nach der schönen Olimpia. Ach! – da wurde er gewahr, wie sie voll Sehnsucht nach ihm herübersah, wie jeder Ton erst deutlich aufging in dem Liebesblick, der zündend sein Inneres durchdrang. Die künstlichen Rouladen schienen dem Nathanael das Himmelsjauchzen des in Liebe verklärten Gemüts, und als nun endlich nach der Kadenz der lange Trillo recht schmetternd durch den Saal gellte, konnte er wie von glühenden Ärmen plötzlich erfaßt sich nicht mehr halten, er mußte vor Schmerz und Entzücken laut aufschreien: »Olimpia!« – Alle sahen sich um nach ihm, manche lachten. Der Domorganist schnitt aber noch ein finstreres Gesicht, als vorher und sagte bloß: »Nun nun!« – Das Konzert war zu Ende, der Ball fing an. »Mit ihr zu tanzen! – mit ihr!« das war nun dem Nathanael das Ziel aller Wünsche, alles Strebens; aber wie sich erheben zu dem Mut, sie, die Königin des Festes, aufzufordern? Doch! – er selbst wußte nicht wie es geschah, daß er, als schon der Tanz angefangen, dicht neben Olimpia stand, die noch nicht aufgefordert worden, und daß er, kaum vermögend einige Worte zu stammeln, ihre Hand ergriff. Eiskalt war Olimpias Hand, er fühlte sich durchbebt von grausigem Todesfrost, er starrte Olimpia ins Auge, das strahlte ihm voll Liebe und Sehnsucht entgegen und in dem Augenblick war es auch, als fingen an in der kalten Hand Pulse zu schlagen und des Lebensblutes Ströme zu glühen. Und auch in Nathanaels Innerm glühte höher auf die Liebeslust, er umschlang die schöne Olimpia und durchflog mit ihr die Reihen. – Er glaubte sonst recht taktmäßig getanzt zu haben, aber an der ganz eignen rhythmischen Festigkeit, womit Olimpia tanzte und die ihn oft ordentlich aus der Haltung brachte, merkte er bald, wie sehr ihm der Takt gemangelt. Er wollte jedoch mit keinem andern Frauenzimmer mehr tanzen und hätte jeden, der sich Olimpia näherte, um sie aufzufordern, nur gleich ermorden mögen. [...]

Durch den Tanz und durch den reichlich genossenen Wein erhitzt, hatte Nathanael alle ihm sonst eigne Scheu abgelegt. Er saß neben Olimpia, ihre Hand in der seinigen und sprach hochentflammt und begeistert von seiner Liebe in Worten, die keiner verstand, weder er, noch Olimpia. Doch diese vielleicht; denn sie sah ihm unverrückt ins Auge und seufzte einmal übers andere: »Ach – Ach – Ach!« – worauf denn Nathanael also sprach: »O du herrliche, himmlische Frau! – du Strahl aus dem verheißenen Jenseits der Liebe – du tiefes Gemüt, in dem sich mein ganzes Sein spiegelt« und noch mehr dergleichen, aber Olimpia seufzte bloß immer wieder: »Ach, Ach!« – [...]

Er küßte Olimpias Hand, er neigte sich zu ihrem Munde, eiskalte Lippen begegneten seinen glühenden! – So wie, als er Olimpias kalte Hand berührte, fühlte er sich von innerem Grausen erfaßt, die Legende von der toten Braut ging ihm plötzlich durch den Sinn; aber fest hatte ihn Olimpia an sich gedrückt, und in dem Kuß schienen die Lippen zum Leben zu erwarmen. – Der Professor Spalanzani schritt langsam durch den leeren Saal, seine Schritte klangen hohl wieder und seine Figur, von flackernden Schlagschatten umspielt, hatte ein grauliches gespenstisches Ansehen. »Liebst du mich – liebst du mich Olimpia? – Nur dies Wort! – Liebst du mich?« So flüsterte Nathanael, aber Olimpia seufzte, indem sie aufstand, nur: »Ach – Ach!« – »Ja du mein holder, herrlicher Liebesstern«, sprach Nathanael, »bist mir aufgegangen und wirst leuchten, wirst verklären mein Inneres immerdar!« – »Ach, ach!« replizierte Olimpia fortschreitend. Nathanael folgte ihr, sie standen vor dem Professor. »Sie haben sich außerordentlich lebhaft mit meiner Tochter unterhalten«, sprach dieser lächelnd: »Nun, nun, lieber Herr Nathanael, finden Sie Geschmack daran, mit dem [...] Mädchen zu konvergieren, so sollen mir Ihre Besuche willkommen sein.« – Einen ganzen hellen strahlenden Himmel in der Brust schied Nathanael von dannen.

Spalanzanis Fest war der Gegenstand des Gesprächs in den folgenden Tagen. Unerachtet der Professor alles getan hatte, recht splendid zu erscheinen, so wußten doch die lustigen Köpfe von allerlei Unschicklichem und Sonderbarem zu erzählen, das sich begeben, und vorzüglich fiel man über die todstarre, stumme Olimpia her, der man, ihres schönen Äußern unerachtet, totalen Stumpfsinn andichten und darin die Ursache finden wollte, warum Spalanzani sie so lange verborgen gehalten. Nathanael vernahm das nicht ohne innern Grimm, indessen schwieg er; denn, dachte er, würde es wohl verlohnen, diesen Burschen zu beweisen, daß eben ihr eigner Stumpfsinn es ist, der sie Olimpias tiefes herrliches Gemüt zu erkennen hindert? »Tu mir den Gefallen, Bruder«, sprach eines Tages Siegmund, »tu mir den Gefallen und sage, wie es dir gescheuten Kerl möglich war, dich in das Wachsgesicht, in die Holzpuppe da drüben zu vergaffen?« Nathanael wollte zornig auffahren, doch schnell besann er sich und erwiderte: »Sage du mir Siegmund, wie deinem, sonst alles Schöne klar auffassenden Blick, deinem regen Sinn, Olimpias himmlischer Liebreiz entgehen konnte? Doch eben deshalb habe ich, Dank sei es dem Geschick, dich nicht zum Nebenbuhler; denn sonst müßte einer von uns blutend fallen.« Siegmund merkte wohl, wie es mit dem Freunde stand, lenkte geschickt ein, und fügte, nachdem er geäußert, daß in der Liebe niemals über den Gegenstand zu richten sei, hinzu: »Wunderlich ist es doch, daß viele von uns über Olimpia ziemlich gleich urteilen. Sie ist uns – nimm es nicht übel, Bruder! – auf seltsame Weise starr und seelenlos erschienen. Ihr Wuchs ist regelmäßig, so wie ihr Gesicht, das ist wahr! – Sie könnte für schön gelten, wenn ihr Blick nicht so ganz ohne Lebensstrahl, ich möchte sagen, ohne Sehkraft wäre. Ihr Schritt ist sonderbar abgemessen, jede Bewegung scheint durch den Gang eines aufgezogenen Räderwerks bedingt. Ihr Spiel, ihr Singen hat den unangenehm richtigen geistlosen Takt der singenden Maschine und ebenso ist ihr Tanz. Uns ist diese Olimpia ganz unheimlich geworden, wir mochten nichts mit ihr zu schaffen haben, es war uns als tue sie nur so wie ein lebendiges Wesen und doch habe es mit ihr eine eigne Bewandtnis.« – Nathanael gab sich dem bittern Gefühl, das ihn bei diesen Worten Siegmunds ergreifen wollte, durchaus nicht hin, er wurde Herr seines Unmuts und sagte bloß sehr ernst: »Wohl mag euch, ihr kalten prosaischen Menschen, Olimpia unheimlich sein. Nur dem poetischen Gemüt entfaltet sich das gleich organisierte! – Nur mir ging ihr Liebesblick auf und durchstrahlte Sinn und Gedanken, nur in Olimpias Liebe finde ich mein Selbst wieder. Euch mag es nicht recht sein, daß sie nicht in platter Konversation faselt, wie die andern flachen Gemüter. Sie spricht wenig Worte, das ist wahr; aber diese wenigen Worte erscheinen als echte Hieroglyphe der innern Welt voll Liebe und hoher Erkenntnis des geistigen Lebens in der Anschauung des ewigen Jenseits. Doch für alles das habt ihr keinen Sinn und alles sind verlorne Worte.« – »Behüte dich Gott, Herr Bruder«, sagte Siegmund sehr sanft, beinahe wehmütig, »aber mir scheint es, du seist auf bösem Wege. Auf mich kannst du rechnen, wenn alles – Nein, ich mag nichts weiter sagen! –« Dem Nathanael war es plötzlich, als meine der kalte prosaische Siegmund es sehr treu mit ihm, er schüttelte daher die ihm dargebotene Hand recht herzlich.[...]

Aus dem tiefsten Grunde des Schreibpults holte Nathanael alles hervor, was er jemals geschrieben. Gedichte, Fantasien, Visionen, Romane, Erzählungen, das wurde täglich vermehrt mit allerlei ins Blaue fliegenden Sonetten, Stanzen, Kanzonen, und das alles las er der Olimpia stundenlang hintereinander vor, ohne zu ermüden. Aber auch noch nie hatte er eine solche herrliche Zuhörerin gehabt.[...] stundenlang sah sie mit starrem Blick unverwandt dem Geliebten ins Auge, ohne sich zu rücken und zu bewegen und immer glühender, immer lebendiger wurde dieser Blick. Nur wenn Nathanael endlich aufstand und ihr die Hand, auch wohl den Mund küßte, sagte sie: »Ach, Ach!« – dann aber: »Gute Nacht, mein Lieber!« – »O du herrliches, du tiefes Gemüt«, rief Nathanael auf seiner Stube: »nur von dir, von dir allein werd ich ganz verstanden.« Er erbebte vor innerm Entzücken, wenn er bedachte, welch wunderbarer Zusammenklang sich in seinem und Olimpias Gemüt täglich mehr offenbare; denn es schien ihm, als habe Olimpia über seine Werke, über seine Dichtergabe überhaupt recht tief aus seinem Innern gesprochen, ja als habe die Stimme aus seinem Innern selbst herausgetönt. Das mußte denn wohl auch sein; denn mehr Worte als vorhin erwähnt, sprach Olimpia niemals. Erinnerte sich aber auch Nathanael in hellen nüchternen Augenblicken, z.B. morgens gleich nach dem Erwachen, wirklich an Olimpias gänzliche Passivität und Wortkargheit, so sprach er doch: »Was sind Worte – Worte! – Der Blick ihres himmlischen Auges sagt mehr als jede Sprache hienieden.« [...]

E.T.A. Hoffmann: Der Sandmann. Reclam, 2008, Seiten 28 – 36

Beispiel 3: Ohne Textstelle aus dem literarischen Werk, aber mit Außentext

3 Stellen Sie die zentralen Aussagen des Textauszuges von Charles Hayes dar.

★ **4 Erörtern Sie diese Einschätzung der Figur Clara aus E. T. A. Hoffmanns Erzählung *Der Sandmann*.**

Charles Hayes

Fantasie und Wirklichkeit im Werke E. T. A. Hoffmanns

Clara hat sich den bürgerlichen Verhältnissen völlig angepasst. Sie wünscht sich eine Welt ohne Überraschungen. Ihre Worte und Handlungen bezeugen alle ihren gesunden Menschenverstand, ihr gesittetes Leben wird durch die Macht positiven Denkens reguliert. Ihr kluger Rat an Nathanael, der das Opfer schrecklicher Halluzinationen zu sein scheint, kulminiert in der Ermahnung: „Sei heiter – heiter!"
In der Erkenntnis, dass er die Gewalt über die Realität zu verlieren beginnt [...] erklärt [sie]: „ganz und gar nicht fürchte" sie sich vor den „garstigen Fäusten" des angeblichen Sandmanns und verspricht, ihn „mit lautem Lachen fortzubannen". [...]
Nahezu jede von Claras Eigenschaften findet in der hölzernen Marionette [Anm.: Olimpia] eine konkrete Entsprechung. Olimpia verfügt über ein Vokabular von nur einem Wort und scheint sich durch den Glanz ihrer Augen auszudrücken; auch von Clara heißt es, dass sie eine „schweigsame Natur" hat und dass sie sich ebenso beredt durch ihren „hellen Blick" mitteilt wie im mündlichen Gespräch [...].
Wenn Nathanael Olimpia den Hof macht, so ist dies eine Wiederholung seiner Beziehung zu Clara. [...] Nathanael engagiert sich mit zwei Frauen, die nichtsdestoweniger dieselbe Person sind. Hoffmann zeichnet Clara, das typische Bürgermädchen, als lächerliche Puppe, als völlig geistlosen, leblosen Gegenstand. Dabei ist es jedoch nicht Clara selbst, als Individuum, die verspottet wird, sondern das in ihr verkörperte bürgerliche Prinzip, das ihren Charakter verstümmelt und jede spontane Lebensäußerung unterdrückt hat. Die bürgerliche Ordnungsliebe macht ihr Unmenschliches, Puppenmäßiges aus. Claras Leben wie das von allen Bürgerinnen bei Hoffmann entfaltet sich gleich einem mechanischen Prozess, der durch Triebverdrängung und „positives" Denken gefördert, unwiderstehlich zu Ehe und Mutterglück hinführt.

Auszug aus: Charles Hayes: Fantasie und Wirklichkeit im Werke E.T.A. Hoffmanns. Mit einer Interpretation der Erzählung „Der Sandmann". In: Peter, Klaus: Ideologiekritische Studien zur Literatur: Essays. Frankfurt am Main: Athenäum Verlag 1972, S. 169–214

Zwischentest

/3

1 Welche Teiloperationen erfordert der Operator „Erörtern“?

....

....

....

/3

2 Erläutern Sie, was ein Leitmotiv ist.

....

....

....

....

....

....

/1

3 Formulieren Sie eine Erörterungsfrage, die Sie aus dem Text von Charles Hayes ableiten können.

....

....

....

....

/7 **Gesamtpunktzahl**

Kontrollieren Sie Ihre Ergebnisse mithilfe der Lösungen (S. 138) und addieren Sie die erreichten Punkte.

☐ 7 Punkte: 🙂 ☐ 6 bis 5 Punkte: 😐 ☐ 4 bis 0 Punkte: 😕

Die Interpretation literarischer Texte

Vorschau:

- Erläuterung des Aufgabenformats
- Der Operator „Interpretieren“
- Interpretationsarten
- Arbeitsschritte

Erläuterung des Aufgabenformats

Interpretieren – was ist das? Zwischen den Zeilen lesen? – kann ich nicht! Raten, was ein Dichter vor 20 oder 100 Jahren sagen wollte? – interessiert mich nicht! Schreiben, was mein Lehrer hören möchte? – Sinnlos! So ähnlich denken manche Schüler und Schülerinnen über diese Kernkompetenz des Deutschunterrichts. Tatsächlich jedoch ist eine gute oder stimmige Interpretation weniger willkürlich und zugleich weniger eingegrenzt auf die **eine** richtige Deutung. Es gibt durchaus Deutungsspielräume, die Deutungsmöglichkeiten sind aber auch nicht beliebig. Die Herausforderung besteht darin, dass Sie ihr **Textverständnis nachvollziehbar darlegen**, indem Sie den **Zusammenhang zwischen poetischer Form und Inhalt** aufzeigen.

Anders als Sachtexte, die um eine nüchtern-sachliche Sprache bemüht sind, damit der Inhalt bei jedem Rezipienten etwa gleich ankommt, nutzen literarische Texte **Symbole**, **Metaphern** und **andere Stilmittel**, arbeiten mit **Stimmungen** oder einem **Wechsel der Erzählperspektive**, um Bedeutungen neben der reinen Textoberfläche zu transportieren. Dadurch kann der Text stark komprimiert werden, was sich besonders in der Lyrik zeigt, wo ein Gedicht von wenigen Versen eine ganze Geschichte erzählen kann.

TIPP

Vorstellungshilfe: Der Schriftsteller Ernest Hammingway (1899-1961) verweist auf das Bild eines Eisbergs, um zu verdeutlichen, dass nur ein kleiner Teil an der Wasser- bzw. Textoberfläche sichtbar ist, während der größte Teil im Verborgenen liegt und durch den Leser erschlossen werden muss.

Da also der **Rezipient** eine wichtige Rolle bei der Entschlüsselung des Textes spielt, ist es auch so, dass jeder Leser seine eigenen Erfahrungen mit in die Lektüre hinein nimmt und den Text vor dem Hintergrund der eigenen Zeit und des eigenen Vorwissens liest. So kommt es unweigerlich zu unterschiedlichen Lesarten.
Entscheidend ist, dass Sie Ihre Lesart so nachvollziehbar machen, dass der Leser Ihres Aufsatzes nicht zum Interpreten desselben werden muss. Ein Interpretationsaufsatz soll ein **sachlicher, analytischer Text** sein. Daher ist das Ziel für Ihren Text, eindeutige Aussagen zu machen und Mehrdeutigkeiten zu vermeiden – anders als es dem Verfasser eines literarischen Textes erlaubt ist.

Aufbau des Interpretationsaufsatzes

Einleitung	■ Rahmendaten zum Text (Autor, Titel, Erscheinungsjahr, Textart, Thema) ■ Interesse wecken durch passende Hinführung zum Thema des Textes. ■ Formulierung einer Deutungshypothese (alternativ: nach der Inhalts-wiedergabe)
Hauptteil	■ aspektorientierte Inhaltswiedergabe ■ Bei der Interpretation einer Textstelle aus einem größeren Werk: Einordnung der Textstelle in den Handlungskontext.
	Textanalyse und Interpretation: ■ Aufbau des Textes ■ Aussagen zu den Figuren, Handlungsort, Zeitgestaltung, Erzähltechnik ■ Untersuchung der sprachlichen Mittel (Wortwahl, Satzbau, rhetorische Figuren) ■ Deutung: Herstellen von Zusammenhängen zwischen Form und Inhalt, sowie ■ bei textübergreifender Interpretation zwischen Text und textexternen Faktoren
	■ beim Gedichtvergleich: Anhand geeigneter Vergleichskriterien Gedicht 2 mit Gedicht 1 in Beziehung setzen
Schluss	Zusammenfassung/Fazit, Überprüfung der Deutungshypothese

Der Operator „Interpretieren“

„Interpretieren“ stellt einen übergeordneten Operator dar, der Teiloperationen aus allen drei Anforderungsbereichen verlangt. So geht der eigentlichen Interpretation immer eine Inhaltswiedergabe voran (siehe S. 67). Außerdem müssen Sie den Text stets auch analysieren, wobei Analysieren und Interpretieren so eng zusammenhängen, dass die Begriffe teilweise synonym verwendet werden. Gemeinsam haben die damit gemeinten Tätigkeiten, dass man versucht, die Funktion gestalterischer Mittel zu beschreiben, um dadurch ein vertieftes Verständnis des Inhalts zu erreichen. Analysieren meint das Zerlegen des Textes in seine Bausteine, um von da aus ein besseres Textverständnis zu erlangen. Interpretieren ist hingegen ganzheitlicher und stellt eher Zusammenhänge her. „Analysieren“ wird auch auf Sachtexte angewendet, während „Interpretieren“ eine Deutungsleistung umfasst, die weiter reicht – auf den unsichtbaren Teil des Eisbergs zielt. Diesen gibt es nur in literarischen Texten, da der Sachtext seinen Inhalt (abgesehen von der Intention des Autors) bereitwillig offenbart.

Arten der Interpretation

Je nachdem, wie weit man bei der Interpretation ausgreift, um zu einer Deutung zu gelangen oder diese zu belegen, unterscheiden wir zwischen textimmanenter und textübergreifender Interpretation.
Bei der **textimmanenten Interpretation** konzentrieren Sie sich ausschließlich auf den Text, dessen Inhalt und sprachliche Gestaltung genau untersucht werden. Sie versuchen also, den Text aus sich heraus zu verstehen und zu deuten. Diese Art der Interpretation kann bei einem Kurzprosatext ohne Kenntnis von Autor oder Epoche angewendet werden.
Leitfrage: Wie unterstützt die sprachliche Gestaltung (Wortwahl, Satzbau, Stil, rhetorische Figuren etc.) den Inhalt und die Intention des Textes? Wird die gewünschte Wirkung erzielt?

Bei der **texübergreifenden Interpretation** ziehen Sie zum Verständnis und zur Deutung des Textes textexterne Faktoren mit hinzu, z.B. Leben des Autors (biographischer Ansatz), geschichtlicher Hintergrund (historischer Ansatz), kultureller Hintergrund (geistesgeschichtlicher Ansatz), Kritik (rezeptionsgeschichtlicher Ansatz). Diese Interpretationsform ist sinnvoll beim Gedichtvergleich, bei dem Sie Epochenwissen einfließen lassen müssen sowie bei der Interpretation von Textstellen aus Werken, die Sie bereits im Unterricht behandelt haben (sog. Sternchenthemen im Abitur).
Leitfrage: Wie verhelfen textexterne Faktoren dazu, den Text besser zu verstehen und zu deuten?

Arbeitsschritte

Verstehen Sie das Interpretieren weniger als Suche nach der einen richtigen Lösung, sondern eher als einen Prozess des fortschreitenden Textverständnisses, den Sie in Ihrem Interpretationsaufsatz dokumentieren. Gehen Sie daher zyklisch vor:

1. Vorarbeit
Wie wirkt der Text?
- Notieren Sie nach dem ersten Lesen ein **Vorverständnis** oder **ersten Eindruck** (Stimmung, Thema, Auffälligkeiten).

Worum geht es in diesem Text/Textauszug?
- Bilden Sie beim zweiten Durchgang **Sinnabschnitte**, formulieren Sie **Zwischenüberschriften**, markieren Sie **wichtige Informationen** (z.B. Handlungsort, Handlungszeit, Figuren, Erzähler).

Was könnte die Aussage des Textes sein?
- Erarbeiten Sie den Inhalt und formulieren Sie eine erste **Deutungshypothese**.

Welche formalen und sprachlichen Mittel fallen auf?
- Markieren Sie **Auffälligkeiten** (z.B. Wortwiederholungen, Wertungen, Metaphern, Attribute)
- Überprüfen Sie die Deutungshypothese, berarbeiten Sie diese gegebenenfalls.

In welchem Verhältnis steht der Text zum Gesamtwerk, zur Epoche, zur Gattung, zum Autor?

- Stellen Sie **Zusammenhänge** her (textexterne Faktoren, Handlungskontext, Gattungsmerkmale)
- Überprüfen Sie die Deutungshypothese, überarbeiten Sie diese gegebenenfalls.

Welche Zusammenhänge lassen sich zwischen all den Beobachtungen herstellen?

- Beziehen Sie alle Ergebnisse aufeinander
- Überprüfen Sie die Deutungshypothese, überarbeiten Sie diese gegebenenfalls.

Die Deutungshypothese/n werden also teilweise mehrfach überarbeitet und angepasst. Sie dürfen daher im Schlussteil auch die in der Einleitung formulierte Deutungshypothese verwerfen oder korrigieren. Durch das hier skizzierte Vorgehen sind Sie in der Lage, zu begründen, welche Erkenntnis sie zu einer neuen Deutung bewogen hat – inhaltliche, sprachliche, strukturelle Aspekte.

TIPP

Nehmen Sie Markierungen in verschiedenen Farben vor und gewöhnen Sie sich an, immer dieselben zwei Farben für sprachliche bzw. inhaltliche Beobachtungen zu verwenden. Sie können auch die formalen Auffälligkeiten immer links und die inhaltlichen immer rechts des Textes notieren. Das erleichtert die anschließende Arbeit.

2. Verfassen des Aufsatzes

- Erstellen Sie einen Schreibplan.
- Verfassen Sie die Einleitung.
- Formulieren Sie eine Überleitung zum Hauptteil und den Hauptteil.
- Verfassen Sie den Schluss.

3. Überarbeiten des Aufsatzes

- Ist der Aufsatz klar gegliedert?
- Weckt die Einleitung Interesse?
- Ist die Inhaltswiedergabe knapp, aspektorientierte und im Präsens verfasst?
- Wird bei der Analyse sprachlicher Mittel die Funktion benannt?
- Wird deutlich, wo Sie Textaussagen wiedergeben und wo Sie eigene Deutungen formulieren?
- Haben Sie Ihre Aussagen durchgehend am Text belegt und korrekt zitiert?
- Sind die eigenen Deutungen nachvollziehbar und klar formuliert?
- Geht das Fazit stimmig aus dem Hauptteil hervor?
- Lässt sich im Schlussteil ein Bogen zur Einleitung erkennen?
- Ist die Sprache sachlich und verständlich?
- Haben Sie den Aufsatz auf sprachliche Fehler (Rechtschreibung, Grammatik, Zeichensetzung) hin geprüft?

Varianten der Aufgabenstellung

Im Rahmen des Aufgabenformats „Interpretation literarischer Texte" treten vier Varianten auf:

- Interpretation eines Kurzprosatextes
- Gedichtinterpretation, evtl. mit Gedichtvergleich
- Interpretation einer Textstelle aus einem umfangreicheren Prosawerk (zuvor im Unterricht behandelt)
- Interpretation einer Dramenszene

Kurzprosa

Im Gegensatz zur Lyrik, die in Versen, Reimen, rhythmischer Sprache verfasst ist, bezeichnet Prosa Texte in ungebundener Sprache. Unter Kurzprosa werden Texte mit einem Umfang von wenigen Zeilen bis einigen Seiten verstanden. Die Kürze bringt eine starke Komprimierung mit sich, weshalb Kurzprosatexte oft reich an bedeutungstragenden Symbolen und Motiven sind.

Übersicht Kurzprosa Genres	
In Klausuren besonders häufig.	
Erzählung	Meist chronologisch erzählte Geschichte mit einer oft durchgehenden Handlung. Länger als die Kurzgeschichte, mit Einleitung und Schluss.
Parabel	Kurzer, lehrhafter Text, der eine Geschichte erzählt, die sich gleichnishaft auf eine andere, allgemeingültige Thematik übertragen lässt, weshalb der Leser die hinter der Bildebene versteckte Sachebene aufdecken muss. Verwandt mit Fabel und Allegorie.
Kurzgeschichte	Meist chronologisch erzähltes, kurzes Zeitfenster mit wenigen Figuren. Das Ereignis stammt meist aus dem alltäglichen Leben der Figuren, die ansonsten nur ungenau charakterisiert werden. Der Einstieg ist unmittelbar, das Ende offen, was die Kurzgeschichte von der Erzählung unterscheidet.
Weitere Kurzprosaformen:	▪ Anekdote ▪ Fabel ▪ Gleichnis ▪ Legende ▪ Märchen ▪ Novelle ▪ Parodie ▪ Sage ▪ Satire

<table>
<tr><th colspan="2">Analyseaspekte</th></tr>
<tr><td>**Handlungsort/ Raumgestaltung**</td><td>■ Handelt es sich um einen realen oder einen geistigen Raum?
■ Wird der Ort konkret benannt oder könnte er überall sein?
■ Hat der Ort eine symbolische Bedeutung?
Beispiel: Labyrinth: Hinweis auf Orientierungslosigkeit
Fenster: Grenze zwischen Innen und Außen → Fernweh?</td></tr>
<tr><td>**Zeitgestaltung**</td><td>In welchem Verhältnis stehen Erzählzeit (Lese-/Erzähldauer) und erzählte Zeit (Zeitfenster, in dem die Handlung sich abspielt) zueinander?
■ Zeitraffung: Erzählzeit ist kürzer als erzählte Zeit (z.B. bei Biografien)
■ Zeitdehnung: Erzählzeit ist länger als erzählte Zeit (z.B. oft beim inneren Monolog)
■ Zeitdeckung: Erzählzeit entspricht der erzählten Zeit (z.B. in einer Dramenszene)</td></tr>
<tr><td>**Erzähler**</td><td>■ Erzählform (Ich- oder Er-Erzähler)
■ Erzählperspektive (Standort, Blickwinkel, Nähe/Distanz)
■ Erzählverhalten (auktorial: „allwissend“, personal: Perspektive einer Figur , neutral: wie ein Zuschauer von außen)
■ Darbietungsformen (Erzählerbericht, Figurenrede)</td></tr>
<tr><td>**Aufbau**</td><td>■ Wird chronologisch oder achronologisch erzählt? (Vorausdeutungen, Rückblenden)
■ Wie werden die Erzählphasen verknüpft?
■ Gibt es mehrere Handlungsstränge? (Haupt-/Nebenhandlung)
■ Wie ist das Verhältnis von äußerer und innerer Handlung?</td></tr>
<tr><td>**Figurengestaltung**</td><td>■ Handelt es sich um individuell gezeichnete Charaktere oder Typen?
■ Was verrät der Name – ist er sprechend? (z.B. in E.T.A. Hoffmanns *Der Sandmann* steht Clara für „klar sehen“ → Objektivität → Aufklärung)
■ Was verraten die äußerlichen Merkmale (Alter, Geschlecht, Aussehen, Gestik, Mimik, Sprache, Kleidung)?
■ Wie ist das Verhalten und welche charakterlichen Merkmale hat die Figur?
■ Durch wen wird sie charakterisiert? (explizit durch Erzähler, andere Figuren oder nur implizit, sodass der Leser den Charakter aus dem Verhalten rekonstruieren muss)
■ Durchläuft sie eine Entwicklung/Wandlung?
■ In welchem Beziehungsgeflecht stehen die Figuren? (Figurenkonstellation)
■ Welche Funktion hat die Figur für die Handlung? (Held, Antagonist, Kontrastfigur)</td></tr>
<tr><td>**Motive/Leitmotive**</td><td>Gibt es wiederkehrende, einprägsame Formulierungen, Symbole, oder Dingsymbole?</td></tr>
<tr><td>**Sprache**</td><td>■ Sprachebene und Sprachstil
■ Wortwahl und Satzbau
■ sprachliche Mittel und rhetorische Figuren</td></tr>
</table>

Interpretation kurzer Prosatexte

Zum nachfolgenden sehr knappen Text der bekannten Schriftstellerin Marie Luise Kaschnitz finden Sie anbei einige wenige Angaben über ihr Leben und ihr zentrales Anliegen. Es schadet allerdings nicht, wenn Sie sich damit nicht zufrieden geben, sondern noch ein bisschen weiter recherchieren.

Marie Luise Kaschnitz wurde 1901 in Karlsruhe geboren und starb 1974 in Rom. Mit dem Schreiben begann sie 1933. Nach 1945 war sie eine der Ersten, die auf neue Bedrohungen in der „zivilen" Welt aufmerksam machte. Sie erhielt zahlreiche Preise für ihre Gedichte und Erzählungen. „Was wir noch können" ist der Textsammlung „Steht noch dahin" entnommen, die 74 kurze Prosatexte enthält. Darin setzte sich die Autorin ab von der damals neuen Tendenz in der deutschen Literatur, die eigene Subjektivität in den Vordergrund zu stellen und gesellschaftliche Probleme nicht mehr so ernst zu nehmen.

Marie Luise Kaschnitz

Was wir noch können

Was ist, was sein wird, womöglich sein wird, und dass wir solche Dinge wahrnehmen und beklagen, Ungerechtigkeiten noch wahrnehmen und beklagen, während es doch denkbar wäre, eine Zeit denkbar wäre, in der wir umherkriechen empfindungslos, in der uns nichts mehr angeht, unter die Haut geht, neben uns schreit ein Sterbender und wir wenden den Kopf nicht, neben uns wird ein Kind gegen eine Mauer geschleudert und wir erschrecken nicht. Demgegenüber scheint auf jeder noch so bescheidenen Anteilnahme, jedem noch so billigen Erbarmen der Schimmer eines goldenen Zeitalters zu liegen. Wir können noch sehen, wir können noch hören, wir können noch leiden, noch lieben.

Marie Luise Kaschnitz: Was wir noch können. In: dies.: Steht noch dahin. Frankfurt a. M. 1970, S. 55.

1 **Wie lautet das Thema des Textes?**

2 **Welche Grundhaltung der Autorin kommt hier zum Ausdruck?**

3 **Welche sprachlichen Mittel benutzt sie?**

★ **4** **Welche Intention dürfte Marie Luise Kaschnitz mit diesem Text verfolgt haben?**

Interpretation einer Kurzgeschichte

Peter Bichsel

San Salvador (1964)

Er hatte sich eine Füllfeder gekauft. Nachdem er mehrmals seine Unterschrift, dann seine Initialen, seine Adresse, einige Wellenlinien, dann die Adresse seiner Eltern auf ein Blatt gezeichnet hatte, nahm er einen neuen Bogen, faltete ihn sorgfältig und schrieb: „Mir ist es hier zu kalt", dann „ich gehe nach Südamerika", dann hielt er inne, schraubte die Kappe auf die Feder, betrachtete den Bogen und sah, wie die Tinte eintrocknete und dunkel wurde (in der Papeterie* garantierte man, dass sie schwarz werde), dann nahm er seine Feder erneut zur Hand und setzte noch großzügig seinen Namen Paul darunter. Dann saß er da. Später räumte er die Zeitungen vom Tisch, überflog dabei die Kinoinserate, dachte an irgendetwas, schob den Aschenbecher beiseite, zerriss den Zettel mit den Wellenlinien, entleerte seine Feder und füllte sie wieder. Für die Kinovorstellung war es jetzt zu spät.

Die Probe des Kirchenchores dauert bis neun Uhr, um halb zehn würde Hildegard zurück sein. Er wartete auf Hildegard. Zu all dem Musik aus dem Radio. Jetzt drehte er das Radio ab.

Auf dem Tisch, mitten auf dem Tisch, lag nun der gefaltete Bogen, darauf stand in blauschwarzer Schrift sein Name Paul. „Mir ist es hier zu kalt", stand auch darauf.

Nun würde also Hildegard heimkommen, um halb zehn. Es war jetzt neun Uhr. Sie läse seine Mitteilung, erschräke dabei, glaubte wohl das mit Südamerika nicht, würde dennoch die Hemden im Kasten zählen, etwas müsste ja geschehen sein. Sie würde in den „Löwen" telefonieren. Der „Löwe" ist mittwochs geschlossen. Sie würde lächeln und verzweifeln und sich damit abfinden, vielleicht. Sie würde sich mehrmals die Haare aus dem Gesicht streichen, mit dem Ringfinger der linken Hand beidseitig der Schläfe entlangfahren, dann den Mantel aufknöpfen.

Dann saß er da, überlegte, wem er einen Brief schreiben könnte, las die Gebrauchsanweisung für den Füller noch einmal – leicht nach rechts drehen – las auch den französischen Text, verglich den englischen mit dem deutschen, sah wieder seinen Zettel, dachte an Palmen, dachte an Hildegard. Saß da. Um halb zehn kam Hildegard und fragte: „Schlafen die Kinder?"

Sie strich die Haare aus dem Gesicht.

> **TIPP**
>
> Vorsicht: Der Held und der Autor sind nicht identisch. Die Abgrenzung der Identitätsebenen in literarischen Texten gehört zu den wichtigsten und oft schwierigsten Aufgaben der Textanalyse.

*Papeterie: Papierwarenhandlung

★ **5** **Interpretieren Sie die Kurzgeschichte von Peter Bichsel. Gehen Sie dabei auf Paul und seine Gefühlswelt ein, seine Beziehung zu Hildegard und die Situation, von der diese Geschichte ausgeht. Analysieren Sie dann Sprache, Stil und Aufbau, bevor Sie übergreifende Deutungsmöglichkeiten anbieten.**

Interpretation lyrischer Texte

Neben Epik und Dramatik stellt die Lyrik mit Goethes Worten eine der drei „Naturformen der Poesie“ dar/eine der drei großen Gattungen der Literatur dar. Ihre besonderen Merkmale sind Versform, Reim und rhythmische Sprache. Lyrik steht aufgrund des sprachlichen Rhythmus in enger Verbindung zur Musik und bildet die Grundlage von Liedern (siehe „Lyrics“=Liedtexte). Neben poetischen Mitteln und Klangfiguren auf der lautlichen Ebene führt die Verdichtung des Inhalts auf wenige Verse dazu, dass Gedichte reich an rhetorischen Mitteln sind, die auf der Sinn- und Bedeutungsebene wirken (siehe Übersicht S. 59).

Es gibt eine Vielzahl verschiedener Gedichtformen, z.B. Ode, Ballade, Sonett, Volkslied mit je eigenen Formen (Strophen- und Versanzahl, Reimschema, Versmaß). Seit der Moderne ist jedoch ein immer freierer Umgang mit den typischen Merkmalen, ja eine regelrechte Aufhebung formaler Vorgaben, zu beobachten. In der Einleitung Ihres Interpretationsaufsatzes sollten Sie die Gedichtform benennen, weshalb es sinnvoll ist, gängige Gedichtformen zu kennen.

Neben formalen Merkmalen besteht der große Unterschied zwischen Lyrik und Prosa darin, dass Lyrik keine vermittelnde Erzählinstanz aufweist. Wir sprechen hier von der „Stimme“ oder dem „lyrischen Ich“, das sich teilweise in der 1. Pers. Sg. zu erkennen gibt.

Gedichtform	Erläuterung	Beispiele
Ballade	mehrstrophiges erzählendes Gedicht von einem unglaublichen Geschehnis	Die Bürgschaft (Schiller); Erlkönig (Goethe); Der Zauberlehrling (Goethe); Die Brück´ am Tay (Fontane)
Elegie	Klagelied zum Ausdruck von Trauer, Tod, Verlust und Trennung	Nänie (Schiller); Marienbader Elegie (Goethe); Brod und Wein (Hölderlin); Duineser Elegien (Rilke)
Lehrgedicht	Form der Gedankenlyrik, in der eine Idee im Mittelpunkt steht, die belehren soll	Der Tanzbär (Lessing); Fragen eines lesenden Arbeiters (Brecht); Sogenannte Klassefrauen (Kästner)
Liebeslyrik	Gefühlsstarke Lyrik, in der der geliebte Mensch verklärt und überhöht wird	Willkommen und Abschied (Goethe); Die Liebe (Hölderlin); Du bist wie eine Blume (Heine)
Ode	Strophenförmige Lobpreisung in einer feierlich-erhabenen Form	Prometheus (Goethe); An die Freude (Schiller); Lebenslauf (Hölderlin)
Sonett	Vierzehnzeiliges Gedicht in einer festen vorgegebenen Form	Es ist alles eitel (Gryphius); Verfall (Trakl); Sonette an Orpheus (Rilke); Das zwölfte Sonett (Brecht)

TIPP

Gedichte leben weniger von einer Handlung als vielmehr von Stimmungen. Notieren Sie daher unbedingt nach dem ersten Lesen, wie die Stimmung ganz subjektiv auf Sie wirkt.

<table>
<tr><th colspan="4">Analyseaspekte
Zu Beginn des Hauptteils sollten Sie den äußeren Aufbau des Gedichts beschreiben. Dazu benötigen Sie einige Fachbegriffe, um die formalen Merkmale zu benennen.</th></tr>
<tr><td>Versmaß/ Metrum</td><td>Bezeichnet den Rhythmus eines Gedichts durch die Abfolge betonter und unbetonter Silben.</td><td>Jambus (unbetont-betont: – + – +)
Trochäus (betont-unbetont: + – + –)
Daktylus (betont-unbetont-unbetont: + – –)
Anapäst (unbetont-unbetont-betont: – – +)</td><td>Du siehst, wohin du siehst ....
Freude schöner Götterfunken ...
Wollt ihr die Freiheit, so ...
Und es wallet und siedet und ...</td></tr>
<tr><td>Versfuß</td><td>Zwei Silben bilden zusammen einen Versfuß</td><td colspan="2">Trimeter (3 Versfüße, 6 Silben pro Vers)
Tetrameter (4 Versfüße, 8 Silben pro Vers)
Pentameter (5 Versfüße, 10 Silben pro Vers)
Hexameter (6 Versfüße, 12 Silben pro Vers)</td></tr>
<tr><td>Reim</td><td>Bezeichnet wiederkehrende Laute am Ende der Verse.</td><td colspan="2">Paarreim (aabb)
Kreuzreim (abab)
Umarmender Reim (abba)
Schweifreim (aab ccb)
Haufenreim (aaaa)
Verschränkter Reim (abc abc)
Kettenreim (aba bcb cdc)</td></tr>
<tr><td>Vers</td><td colspan="3">Ein Vers entspricht einer Zeile im Gedicht. Meist hält man beim Lesen am Versende leicht inne.</td></tr>
<tr><td>Strophe</td><td colspan="3">Mehrere Verse bilden zusammen eine Strophe, die graphisch durch eine Leerzeile abgesetzt wird.</td></tr>
</table>

Bei der Analyse sollten Sie auf folgende Aspekte eingehen:

- Welche Stimmung hat das Gedicht und woher rührt sie?
- Welche Bilder werden benutzt?
- Welche Wirkung geht von Rhythmus und Reim aus?
- Wie wirken sprachliche Mittel und rhetorische Figuren?
- Was erfahren wir über das lyrische Ich? In welcher Situation befindet es sich?
- Wie ist die Überschrift zu verstehen? In welcher Beziehung steht sie zum Inhalt?
- Welche Aussageabsicht ist zu erkennen?
- Was hat uns der Text heute noch zu sagen?

TIPP

Wenn es Ihnen schwer fällt, die Stimmungen im Gedicht zu erkennen:
Geben Sie den einzelnen Versen oder Strophen Farben. Übersetzen Sie die Farben anschließend in Stimmungen.

Eduard Mörike

September-Morgen (1827)

Im Nebel ruhet noch die Welt,
Noch träumen Wald und Wiesen:
Bald siehst du, wenn der Schleier fällt,
Den blauen Himmel unverstellt,
Herbstkräftig die gedämpfte Welt
In warmem Golde fließen.

Eduard Mörike: Gedichte, Reclam, Stuttgart 1977, S. 65

**6 Interpretieren Sie das Gedicht von Eduard Mörike.
Beachten Sie dabei besonders die innere Gliederung und die poetischen Mittel.**

Georg Trakl

Verfall (1913)

Am Abend, wenn die Glocken Frieden läuten,
Folg ich der Vögel wundervollen Flügen,
Die lang geschart, gleich frommen Pilgerzügen,
Entschwinden in den herbstlich klaren Weiten.

Hinwandelnd durch den dämmervollen Garten
Träum ich nach ihren helleren Geschicken
Und fühl der Stunden Weiser kaum mehr rucken
So folg ich über Wolken ihren Fahrten.

Da macht ein Hauch mich von Verfall erzittern.
Die Amsel klagt in den entlaubten Zweigen.
Es schwankt der rote Wein an rostigen Gittern,

Indes wie blasser Kinder Todesreigen
Um dunkle Brunnenränder, die verwittern,
Im Wind sich fröstelnd blaue Astern neigen.

Georg Trakl: Das dichterische Werk. Deutscher Taschenbuch Verlag, München 1972, S. 35

★ 7 **Interpretieren Sie dieses Gedicht von Georg Trakl im Sinne einer textübergreifenden Interpretation. Beachten Sie dabei das Entstehungsjahr und die Lebenshaltung des Autors, über den Sie sich schnell im Internet oder in einer Literaturgeschichte informieren können.**

Gedichtvergleich

Wenn die Aufgabenstellung einen Gedichtvergleich fordert, haben Sie grundsätzlich drei Möglichkeiten:

1. Sie analysieren Gedicht 1, dann Gedicht 2, darauf folgt ein Block, in dem Sie Gemeinsamkeiten und Unterschiede aufführen.
2. Sie gehen aspektorientiert vor und gehen im Wechsel auf Gedicht 1 und Gedicht 2 anhand zentraler Merkmale ein (z.B. 1. Vgl. Aufbau, 2. Vgl. Thematik, 3. Vgl. Stimmung).
3. Sie analysieren Gedicht 1 ausführlich, dann betrachten Sie Gedicht 2 in Abgrenzung von Gedicht 1.

In jedem Fall benötigen Sie für den Gedichtvergleich zusätzlich zur reinen Gedichtinterpretation zwei Dinge:

1. **Kriterien**, anhand derer Sie die Gedichte vergleichen. Diese sollten sowohl die formale als auch die inhaltliche Ebene abdecken.
2. **Epochenwissen**. In der Regel haben die zum Vergleich vorgelegte Gedichte thematische und/oder motivische Schnittstellen und stammen aus verschiedenen Epochen. Diese epochentypischen Charakteristika sollten Sie aufzeigen. (siehe dazu Kap. 3 Literaturgeschichte)

Textauszug aus einem Roman oder einem längeren Prosatext

Im Rahmen der Gattung „Epik“ gelten Romane als literarische Großform in Prosa. Sie sind gekennzeichnet durch einen großen Umfang, wodurch sie eine ganze Welt mit mehreren Handlungssträngen und einer Vielzahl von Figuren entstehen lassen können. Im Gegensatz zur Kurzprosa zeichnen Romane häufig Entwicklungsgeschichten, die sich über viele Jahre erstrecken, oder folgen sogar mehreren Generationen.
Wenn Ihnen eine Textstelle aus einem Roman zur Interpretation vorgelegt wird, sind zwei Dinge zu beachten:

1. Sie kennen die Ganzschrift bereits aus dem Unterricht und dürfen die Textausgabe etwa in der Klausur verwenden. Dennoch benötigen Sie gute Textkenntnisse, um in der begrenzten Bearbeitungszeit zügig relevante Textstellen finden zu können.
2. Zu Beginn des Hauptteils geben Sie nicht nur den Inhalt der vorliegenden Textstelle wieder, sondern kontextualisieren diese. Das heißt, Sie ordnen sie in den **Handlungszusammenhang** ein, indem Sie angeben:
   - An welcher Stelle im Text und in der Handlungschronologie steht sie? (Da Romane häufig nicht linear erzählen – etwa mit Rückblenden, Vorausdeutungen –, kann die Stellung auf der Inhaltsebene und im Rahmen der Textoberfläche voneinander abweichen).

- Welche zentralen **Handlungsschritte** der vorangehenden Handlung sind wichtig? (Achtung: nicht nacherzählen! Nur aspektorientierte Darstellung der relevanten Entwicklungslinie.)
- Ergeben sich aus der vorliegenden Szene **Konsequenzen** für die folgende Handlung?
- Welche **Funktion** hat die Textstelle im Rahmen des Werks? (z.B. Wendepunkt)

E. T. A. Hoffmann

Der goldene Topf (1814) – Auszug

Hier wurde der Student Anselmus in seinem Selbstgespräche durch ein sonderbares Rieseln und Rascheln unterbrochen, das sich dicht neben ihm im Grase erhob, bald aber in die Zweige und Blätter des Holunderbaums hinaufglitt, der sich über seinem Haupte wölbte. Bald war es, als schüttle nur der Abendwind die Blätter, bald, als kos'ten Vögelein in den Zweigen, die kleinen Fittige im mutwilligen Hin- und Herflattern rührend. – Da fing es an zu flüstern und zu lispeln und es war, als ertönten die Blüten wie aufgehangene Kristallglöckchen. Anselmus horchte und horchte. Da wurde, er wusste selbst nicht wie, das Gelispel und Geflüster und Geklingel zu leisen halbverwehten Worten: „Zwischendurch – zwischenein – zwischen Zweigen, zwischen schwellenden Blüten, schwingen, schlängeln, schlingen wir uns – Schwesterlein – Schwesterlein, schwinge dich im Schimmer – schnell, schnell herauf – herab – Abendsonne schießt Strahlen, zischelt der Abendwind – raschelt der Tau – Blüten singen – rühren wir Zünglein, singen wir mit Blüten und Zweigen – Sterne bald glänzen – müssen herab – zwischendurch, zwischenein schlängeln, schlingen, schwingen wir uns Schwesterlein."
So ging es fort in Sinne verwirrender Rede. Der Student Anselmus dachte: Das ist denn doch nur der Abendwind, der heute mit ordentlich verständlichen Worten flüstert. – Aber in dem Augenblick ertönte es über seinem Haupte wie ein Dreiklang heller Kristallglocken; er schaute hinauf und erblickte drei in grünem Gold erglänzende Schlänglein, die sich um die Zweige gewickelt hatten und die Köpfchen der Abendsonne entgegenstreckten. Da flüsterte und lispelte es von Neuem in jenen Worten und die Schlänglein schlüpften und kos'ten auf und nieder durch die Blätter und Zweige, und wie sie sich so schnell rührten, da war es, als streue der Holunderbusch tausend funkelnde Smaragde durch seine dunklen Blätter. „Das ist die Abendsonne, die so in dem Holunderbusch spielt", dachte der Student Anselmus, aber da ertönten die Glocken wieder und Anselmus sah, wie eine Schlange ihr Köpfchen nach ihm herabstreckte. Durch alle Glieder fuhr es ihm wie ein elektrischer Schlag, er erbebte im Innersten – er starrte hinauf und ein paar herrliche dunkelblaue Augen blickten ihn an mit unaussprechlicher Sehnsucht, sodass ein nie gekanntes Gefühl der höchsten Seligkeit und des tiefsten Schmerzes seine Brust zersprengen wollte. Und wie er voll heißen Verlangens immer in die holdseligen Augen schaute, da ertönten stärker in lieblichen Akkorden die Kristallglocken und die funkelnden Smaragde fielen auf ihn herab und umspannen ihn, in tausend Flämmchen um ihn herflackernd und spielend mit schimmernden Goldfaden. Der Holunderbusch rührte sich und sprach: „Du lagst in meinem Schatten, mein Duft umfloss dich, aber du verstandest mich nicht. Der Duft ist meine Sprache, wenn ihn die Liebe entzündet." Der Abendwind strich vorüber und sprach: „Ich umspielte deine Schläfe, aber du verstandest mich nicht, der Hauch ist meine Sprache, wenn ihn die Liebe entzündet." Die Sonnenstrahlen

brachen durch das Gewölk und der Schein brannte wie in Worten: „Ich umgoss dich mit glühendem Gold, aber du verstandest mich nicht; Glut ist meine Sprache, wenn sie die Liebe entzündet."

Und immer inniger und inniger versunken in den Blick des herrlichen Augenpaars, wurde heißer die Sehnsucht, glühender das Verlangen. Da regte und bewegte sich alles, wie zum frohen Leben erwacht. Blumen und Blüten dufteten um ihn her und ihr Duft war wie herrlicher Gesang von tausend Flötenstimmen, und was sie gesungen, trugen im Widerhall die goldenen vorüberfliehenden Abendwolken in ferne Lande. Aber als der letzte Strahl der Sonne schnell hinter den Bergen verschwand und nun die Dämmerung ihren Flor über die Gegend warf, da rief, wie aus weiter Ferne, eine raue tiefe Stimme:

„Hei, hei, was ist das für ein Gemunkel und Geflüster da drüben? – Hei, hei, wer sucht mir doch den Strahl hinter den Bergen! – Genug gesonnt, genug gesungen – hei, hei, durch Busch und Gras – durch Gras und Strom! – Hei – hei – her u – u – u nter – her u – u – u nter!"

So verschwand die Stimme wie im Murmeln eines fernen Donners, aber die Kristallglocken zerbrachen im schneidenden Misston. Alles war verstummt und Anselmus sah, wie die drei Schlangen schimmernd und blinkend durch das Gras nach dem Strome schlüpften; rischelnd und raschelnd stürzten sie sich in die Elbe, und über den Wogen, wo sie verschwunden, knisterte ein grünes Feuer empor, das in schiefer Richtung nach der Stadt zu leuchtend verdampfte.

E.T.A. Hoffmann: Der goldene Topf, 1. Vigilie. Insel Verlag, 1969, Seiten 7–9
Der ganze Roman ist auch online lesbar: /www.projekt-gutenberg.org/etahoff/goldtopf/index.html

8 Ordnen Sie die Textstelle in den Kontext der vorangehenden Handlung ein.

9 Interpretieren Sie die Textstelle unter besonderer Berücksichtigung der Naturerfahrung.

Interpretation von Dramen

Der Fachbegriff „Drama" unterscheidet sich von der umgangssprachlichen Verwendung und bezeichnet ein **Theaterstück**. Diese literarische Gattung ist also weniger für einen Leser verfasst, sondern als Vorlage für Regisseure und Schauspieler, die das Stück szenisch umsetzen.

Die Besonderheit ist, dass der Text fast ausschließlich aus Figurenrede (Monologe und Dialoge) besteht. Es gibt keine vermittelnde Erzählinstanz, lediglich einige knappe Regieanweisungen. Dadurch entsteht viel Deutungsspielraum. Vielen Schülern und Schülerinnen fällt die Interpretation eines Dramas dennoch leichter als die Interpretation von Lyrik oder Kurzprosatexten, da Dramen in der Regel verständlicher und weniger „verschlüsselt" sind als Gedichte und weniger komprimiert als Kurzprosa.

Da Ihnen bei diesem Aufgabenformat – wie bei der Interpretation von Romanauszügen – nur eine Dramenszene, also ein Textauszug vorgelegt wird, müssen Sie diese zunächst in den Handlungskontext einordnen.

Dramentypen

Innerhalb der dramatischen Gattung unterscheidet man die Dramentypen Komödie und Tragödie.

In der **Komödie** dominiert eine heiter-lustige Stimmung und der Ausgang ist gut.
Man unterscheidet weiter nach Typen-, Charakterkomödie, Situationskomödie, Intrigenkomödie, Konversationskomödie, Gesellschaftskomödie.

In der **Tragödie** ereilt den Protagonisten ein Schicksalsschlag oder eine unverschuldete Verstrickung, was ihn in einen Konflikt stürzt, der zu einem tragischen Ende – häufig dem Tod – führt.

Weitere Dramentypen sind: Groteske, bürgerliches Trauerspiel, Stationendrama, analytisches Drama, Ideendrama, Handlungsdrama und Figurendrama.

Form des Dramas

Bis ins 19. Jahrhundert dominierte das aristotelische Drama mit seiner geschlossenen Form.

- Einheit des Ortes: Das Geschehen spielt nur an einem Ort.
- Einheit der Zeit: Die erzählte Zeit entspricht der Spielzeit oder umfasst max. einen Tag.
- Einheit der Handlung: Es gibt nur einen Handlungsstrang. Die Handlung verläuft linear.

Der Aufbau der drei bzw. fünf Akte kann pyramidenförmig dargestellt werden:

Kompostionsmodell des geschlossenen Dramas mit geschlossener Form
nach Gustav Freytag (1863)

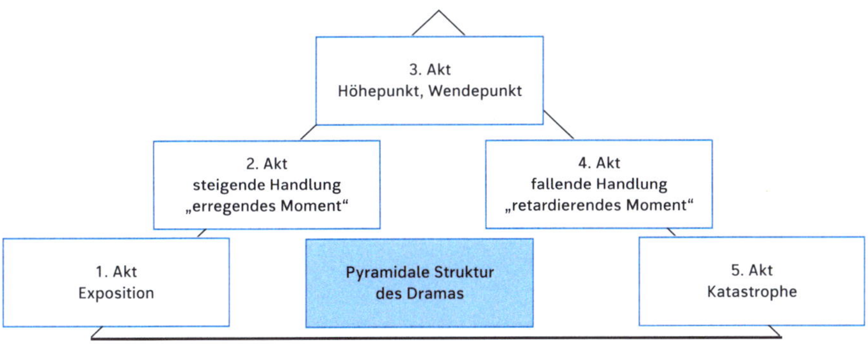

Seit dem späten 18. Jahrhundert gibt es auch Dramen, die sich der geschlossenen Form entziehen und die aristotelischen Einheiten von Ort, Zeit und Handlung sprengen.
Im 20. Jahrhundert etablierte Bertold Brecht das **epische Theater**, welches die strengen Formvorgaben endgültig auflöst.

Analyseaspekte

Aufgrund der Länge haben Sie das Drama im Unterricht behandelt, bevor es Ihnen in einer Klausur begegnet. Sie kennen folglich die zentralen Themen und Motive.

Gerade bei der Drameninterpretation ist es wichtig, dass Sie sich über textexterne Faktoren informieren, da Sie so vieles im Drama besser verstehen werden, wenn Sie etwas über den Autor und den zeitgeschichtlichen Kontext wissen.

Neben Aspekten wie sprachliche Mittel, Raum- und Zeitgestaltung, die Sie auch in epischen Texten analysieren, stehen bei der Dramenanalyse die Figuren, deren Beziehungen und Dialoge im Zentrum.

Leitfragen zur Dialoganalyse:

Figurencharakterisierung und Figurenkonstellation
- Wer sind die Beteiligten und wie stehen sie zueinander?

Zentraler Konflikt
- Welcher Konflikt herrscht und wie ist er entstanden?

Konfliktkultur
- Wie kommunizieren die Beteiligten (sachlich, konstruktiv/lösungsorientiert, auf einer Augenhöhe oder asymmetrisch)
- Gehen die Gesprächspartner aufeinander ein?
- Gelingt die Verständigung oder scheitert sie?

Redeanteile
- Wer dominiert das Gespräch oder sind die Redeanteile etwa gleich?

TIPP

Skizzieren Sie ein Verlaufsschema, um die Abfolge von Rede und Gegenrede zu visualisieren.

Friedrich Schiller

Kabale und Liebe (1784) – Auszug

Der adelige Ferdinand hat sich in die bürgerliche Luise verliebt. Sein Vater ist – aus Standesgründen – gegen eine Verbindung. Auch Luises Vater verweigert seine Zustimmung.

I. Akt, 4. Szene
Ferdinand von Walter. Luise.
(Er fliegt auf sie zu – sie sinkt entfärbt und matt auf einen Sessel – er bleibt vor ihr stehn – sie sehen sich eine Zeitlang stillschweigend an. Pause).

Ferdinand. Du bist blass, Luise?
Luise *(steht auf und fällt ihm um den Hals).* Es ist nichts. Nichts. Du bist ja da. Es ist vorüber.
Ferdinand *(ihre Hand nehmend und zum Munde führend).* Und liebt mich meine Luise noch? Mein Herz ist das gestrige, ist's auch das deine noch? Ich fliege nur her, will sehn, ob du heiter bist, und gehn und es auch sein – Du bist's nicht.
Luise. Doch, doch, mein Geliebter.
Ferdinand Rede mir Wahrheit. Du bist's nicht. Ich schaue durch deine Seele wie durch das klare Wasser dieses Brillanten. *(Er zeigt auf seinen Ring.)* Hier wirft sich kein Bläschen auf, das ich nicht merkte – kein Gedanke tritt in dies Angesicht, der mir entwischte. Was hast du? Geschwind! Weiß ich nur diesen Spiegel helle, so läuft keine Wolke über die Welt. Was bekümmert dich?
Luise *(sieht ihn eine Weile stumm und bedeutend an, dann mit Wehmut).* Ferdinand! Ferdinand! Dass du doch wüsstest, wie schön in dieser Sprache das bürgerliche Mädchen sich ausnimmt –
Ferdinand. Was ist das? *(Befremdet)* Mädchen! Höre! Wie kommst du auf das? – Du bist meine Luise. Wer sagt dir, dass du noch etwas sein solltest? Siehst du, Falsche, auf welchem Kaltsinn ich dir begegnen muss? Wärest du ganz nur Liebe für mich, wann hättest du Zeit gehabt, eine Vergleichung zu machen? Wenn ich bei dir bin, zerschmilzt meine Vernunft in einen Blick – in einen Traum von dir, wenn ich weg bin, und du hast noch eine Klugheit neben deiner Liebe? – Schäme dich! Jeder Augenblick, den du an diesen Kummer verlorst, war deinem Jüngling gestohlen.
Luise *(fasst seine Hand, indem sie den Kopf schüttelt).* Du willst mich einschläfern, Ferdinand – willst meine Augen von diesem Abgrund hinweglocken, in den ich ganz gewiss stürzen muss. Ich seh in die Zukunft – die Stimme des Ruhms – deine Entwürfe – dein Vater – mein Nichts. *(Erschrickt und lässt plötzlich seine Hand fahren.)* Ferdinand! ein Dolch über dir und mir! – Man trennt uns!
Ferdinand. Trennt uns! *(Er springt auf.)* Woher bringst du diese Ahndung, Luise? Trennt uns? – Wer kann den Bund zwoer Herzen lösen oder die Töne eines Akkords auseinanderreißen? – Ich bin ein Edelmann – Lass doch sehen, ob mein Adelbrief älter ist als der Riss zum unendlichen Weltall? oder mein Wappen gültiger als die Handschrift des Himmels in Luisens Augen: Dieses Weib ist für diesen Mann? – Ich bin des Präsidenten Sohn. Ebendarum. Wer als die Liebe kann mir die Flüche versüßen, die mir der Landeswucher meines Vaters vermachen wird?

Luise. O wie sehr fürcht ich ihn – diesen Vater!

Ferdinand. Ich fürchte nichts – nichts – als die Grenzen deiner Liebe. Lass auch Hindernisse wie Gebirge zwischen uns treten, ich will sie für Treppen nehmen und drüber hin in Luisens Arme fliegen. Die Stürme des widrigen Schicksals sollen meine Empfindung emporblasen, Gefahren werden meine Luise nur reizender machen. – Also nichts mehr von Furcht, meine Liebe. Ich selbst – ich will über dir wachen wie der Zauberdrach' über unterirdischem Golde – *Mir* vertraue dich. Du brauchst keinen Engel mehr – Ich will mich zwischen dich und das Schicksal werfen – empfangen für dich jede Wunde – auffassen für dich jeden Tropfen aus dem Becher der Freude – dir ihn bringen in der Schale der Liebe. *(Sie zärtlich umfassend)* An diesem Arm soll meine Luise durchs Leben hüpfen; schöner, als er dich von sich ließ, soll der Himmel dich wiederhaben und mit Verwunderung eingestehn, dass nur die Liebe die letzte Hand an die Seelen legte –

Luise *(drückt ihn von sich, in großer Bewegung).* Nichts mehr! Ich bitte dich, schweig! – Wüsstest du – Lass mich – du weißt nicht, dass deine Hoffnungen mein Herz wie Furien anfallen. *(Will fort.)*

Ferdinand *(hält sie auf).* Luise? Wie! Was! Welche Anwandlung?

Luise. Ich hatte diese Träume vergessen und war glücklich – Jetzt! Jetzt! Von heut an – der Friede meines Lebens ist aus – Wilde Wünsche – ich weiß es – werden in meinem Busen rasen. – Geh – Gott vergebe dir's – Du hast den Feuerbrand in mein junges friedsames Herz geworfen, und er wird nimmer, nimmer gelöscht werden.

(Sie stürzt hinaus. Er folgt ihr sprachlos nach.)

Friedrich Schiller: Kabale und Liebe, Reclam, Stuttgart 1978, S. 14 f.

10 **Fragen zur Analyse:**

Was ist der Inhalt des Dialogs?
Wie unterschiedlich oder ausgeglichen sind die Dialoganteile?
Durch welche Formulierungen (Haupttext und Regieanweisungen) werden die Gefühle der beiden Personen vermittelt?

11 **Fragen zur Interpretation:**

In welcher Situation findet der Dialog statt?
Inwiefern wird bereits hier – im 1. Akt – der Konflikt deutlich?
Wie charakterisiert sich Ferdinand durch seine Sprache und sein Verhalten selbst?
Wodurch wird Luises verzweifelte Lage deutlich?
Wie wirkt die Szene auf den Zuschauer?

TIPP

Informieren Sie sich über den Inhalt des gesamten Dramas, um alle Fragen zur Interpretation beantworten zu können.

Zwischentest

1 Erläutern Sie den Unterschied zwischen „Analysieren" und „Interpretieren". /4

2 Nennen Sie fünf Beispiele für Kurzprosa-Genres. /5

3 Bestimmen Sie den Unterschied zwischen Erzählzeit und erzählter Zeit /4

★ **4** Nennen Sie vier Analyseaspekte von Prosatexten. /4

5 Stellen Sie drei Kriterien für einen Gedichtvergleich auf. /3

6 Skizzieren Sie den Aufbau des geschlossenen Dramas nach Gustav Freytag. /5

Gesamtpunktzahl /25

Kontrollieren Sie Ihre Ergebnisse mithilfe der Lösungen (S. 140/141) und addieren Sie die erreichten Punkte.

☐ 25 bis 21 Punkte: ☺ ☐ 20 bis 14 Punkte: 😐 ☐ 13 bis 0 Punkte: 😕

Materialgestützes Schreiben

Vorschau

- Erläuterung des Aufgabenformats
- Textarten und Materialpool
- Arbeitsschritte
- Arten der Aufgabenstellung

Erläuterung des Aufgabenformats

Bei diesem Aufgabenformat geht es darum, verschiedene **Materialien auszuwerten**, Informationen zu entnehmen und zu gliedern, um sie anschließend in einem strukturierten Text darzustellen.
Somit sollen Sie in der begrenzten Klausurzeit jene Arbeitsschritte vollziehen, die auch anfallen, wenn Sie beispielsweise ein Referat vorbereiten.
Die Besonderheit dieses Aufgabenformats ist zum einen, dass ein ganzes Dossier verschiedener Informationsmaterialien vorliegt (etwa Sachtexte, Schaubilder, Grafiken), die ausgewertet werden müssen. Zum anderen unterscheidet sich dieses Aufgabenformat dadurch, dass der anschließend zu verfassende Text kein analytischer Aufsatz ist, sondern eine eigene Textproduktion (z.B. eine Rede, ein Leserbrief, ein Kommentar).
Die Herausforderung besteht darin, die Informationen in den Materialien schnell zu erfassen, mit eigenem Vorwissen zu verknüpfen und das Thema dann entsprechend der vorgegebenen Zieltextsorte darzustellen.

Aufbau

Einleitung	▪ Vorstellung des Themas ▪ Interesse wecken durch Aufhänger (spannende Frage oder Feststellung)
Hauptteil	Variiert je nach Zieltextsorte, doch folgende Struktur kann zur Orientierung dienen: ▪ Beschreibung des Themas, des Sachverhalts oder der Veranstaltung anhand der Informationen aus den vorliegenden Materialien. ▪ Wenn ein argumentierendes Zielformat gefordert ist: Entfaltung einer eigenständigen Position und Argumentation.
Schluss	Zusammenfassung/Fazit, Formulierung der eigenen Meinung, Ausblick

Textarten des Klausuraufsatzes

In der Aufgabenstellung finden Sie die Vorgabe, welche Textart der von Ihnen zu verfassende Zieltext haben soll. Meist wird auch ein **Hinweis auf die Adressaten** (das Zielpublikum/die Leserschaft) ergänzt. Die Erfüllung des Zielformats sowie der Adressatenbezug (Anpassung an Situation und Zuhörer- oder Leserschaft) bilden wichtige Bewertungskriterien.

Grundsätzlich wird zwischen informierenden und argumentierenden Texten unterschieden. Informierende Texte sind Sachtexte, die über ein bestimmtes Thema informieren. Sie sind sachlich und frei von Wertungen. Im Gegensatz zum sachlichen und objektiven Stil der informierenden Texte, entfalten argumentierende Texte eine subjektive Meinung zum Thema, mit dem Ziel, den Leser von dieser Position zu überzeugen.
Siehe die Übersicht zu relevanten Textarten auf S. 65.

TIPP

Besonders häufig werden im Abitur Aufgaben gestellt, bei denen Sie einen Kommentar, Zeitungsartikel oder Vortragstext verfassen sollen.
Inhaltlich geht es meist um aktuelle Themen rund um die Inhaltsfelder Medien, Text, Sprache, Kommunikation.

Materialpool

Bei diesem Aufgabenformat bilden im Regelfall **Sachtexte** die Grundlage. Es liegt nicht nur ein Text vor, sondern ein ganzes Dossier aus bis zu neun verschiedenen Materialien, darunter auch Grafiken, statistisches Material, Anzeigentexte, Gesetzestexte, Flyer oder Bilder. Diese Materialien müssen zielgerichtet ausgewertet werden und sollen sich inhaltlich im eigenen Text niederschlagen. Dabei ist es wichtig, nur die für die eigene Fragestellung relevanten Inhalte auszuwählen.

TIPP

Verwenden Sie eine gezielte **Lesemethode**:
1. **Orientierendes Lesen**: Text und Abbildungen/Grafiken überfliegen und entscheiden, welche Elemente genauer oder in welcher Reihenfolge betrachtet werden sollen.
2. **Kursorisches Lesen**: Material zügig lesen, um einen ersten Eindruck zu gewinnen. Wichtige Sätze genauer lesen und Notizen machen.
3. **Detailliertes Lesen**: Text absatzweise lesen. Dazu Schlüsselworte und Kernaussagen markieren, Zwischenüberschriften formulieren.

1. Auswertung der Materialien

Leitfrage
- Was ist das Thema?
- Welche Informationen werden gegeben?
- Welchen Bezug haben sie zum vorgegebenen Thema?
- Welche Probleme oder Fragen wirft das Thema auf?
- Welche Informationen oder Argumente für meinen eigenen Text kann ich entnehmen?

2. Wissen strukturieren

Wie lassen sich die Informationen gliedern? (beispielsweise nach übergeordneten Gesichtspunkten oder Perspektiven)
Welches Vorwissen habe ich zum Thema?
Wie kann ich mein Vorwissen mit den Informationen aus dem Materialpool verknüpfen?

TIPP

Sehr hilfreich ist es, die Informationen in Form einer Mindmap zu visualisieren. So fallen Zusammenhänge schnell ins Auge und es wird Ihnen leichter fallen, Wichtiges von Unwichtigem zu trennen. Außerdem ist diese visuelle Wissensstrukturierung eine wertvolle Vorarbeit, um anschließend auch einen strukturierten Text zu verfassen. Wenn die Mindmap gut gegliedert ist, können Sie beim Schreiben einfach Ast um Ast abarbeiten und die enthaltenen Informationen oder Argumente ausformulieren..

3. Darstellung

Welche Merkmale hat die Zieltextsorte?
- Ist es eine informations- oder meinungsbetonte Textsorte?
- Hat sie einen appellativen Charakter? (z.b. Rede, Werbung)
- Fordert sie eine bestimmte stilistische Gestaltung? (z.B. Essay, Glosse)

An wen richtet sich mein Text?
- Sind die Adressaten Fachleute oder Laien?

Was ist der Schreibanlass und das Schreibziel?
- Wird der Text in einer kommunikativen Situation vorgetragen?
- Soll er zu einer Verhaltensänderung auffordern?

Lässt sich ein passender Aufhänger für die Einleitung finden?
- Habe ich persönliche Erfahrungen mit dem Thema gemacht?
- Gibt es einen aktuellen Bezug?
- Kann ich Zusammenhänge zu anderen Gebieten oder historischen Kontexten herstellen?
- Kenne ich ein passendes Zitat oder Sprichwort zum Thema?

4. Erstellen Sie einen Schreibplan.

5. Verfassen Sie den Text.

TIPP

Beim Erstellen des Schreibplans ist es wichtig, dass Sie die dem Material entnommenen Informationen und Argumente gliedern und durch eigenes Vorwissen anreichern.
Als Schreibplan kann auch eine Mindmap dienen.

6. Überarbeitung
- Ist der Text frei von sprachlichen Fehlern (Rechtschreibung, Zeichensetzung, Grammatik)?
- Ist der sprachliche Stil sachlich und adressatengerecht?
- Ist der Argumentationsaufbau kohärent und logisch? (vor allem bei argumentierenden Texten)
- Ist ein roter Faden erkennbar?
- Schlägt der Schluss einen Bogen zur Einleitung?

TIPP

Achten Sie bei Ihrer Zeitplanung in der Klausur auf einen ausreichenden Puffer, um mit dem Duden mögliche Fehler auszuräumen.
Auch in der Abiturprüfung dürfen Sie den Duden verwenden.

Aufgabenbeispiel

Aufgabenstellung zum Verfassen eines informierenden Textes

1 **Im Rahmen der Projekttage haben Sie sich mit dem Thema „Hate Speech (Hasssprache) im Netz" beschäftigt. In einer Projekt-Zeitschrift wollen Sie interessierte Mitschüler und Eltern nun über das Thema informieren. (Umfang: ca. 800 Wörter)**

Verfassen Sie auf Grundlage der vorliegenden Materialien und Ihrer Kenntnisse aus dem Unterricht diesen Artikel für die Projekt-Zeitschrift, indem Sie
- **die Aktualität des Themas aufzeigen,**
- **den Begriff „Hate Speech", seine Ausprägungen und Auswirkungen erklären,**
- **erläutern, wie man „Hate Speech" begegnen kann,**
- **darstellen, wie der Einzelne, die Gesellschaft, die Politik damit umgehen können.**

Aufgabenstellung zum Verfassen eines argumentierenden Textes

2 **Im Rahmen der Projekttage haben Sie sich mit dem Thema „Hate Speech (Hasssprache) im Netz" beschäftigt. Verfassen Sie einen Kommentar für ein Begleitheft zur Projektwoche, der sich an die Schüler-, Lehrer- und Elternschaft richtet.**
Setzen Sie sich in Ihrem Kommentar mit der Frage auseinander, inwiefern Hate Speech ein gesellschaftliches Problem darstellt.
Nutzen Sie dazu die folgenden Materialien (M1–M8) und beziehen Sie unterrichtliches Wissen ein.
Formulieren Sie eine geeignete Überschrift.

Materialdossier

M1

Andrea Diener

Troll-Kommentare. Meine Tage im Hass

Ich arbeite in der Online-Redaktion. Von manchen Lesern bekomme ich jeden Tag was zu hören: „Neunmalkluge", „Hetzpresse", „widerliche Kriegstreiber". Kritik, so scheint es, war gestern, heute herrscht Kampf. Soll ich das persönlich nehmen?

Stellen Sie sich vor, Sie sind Bäcker. Und jeder Kunde, der Ihren Laden betritt, teilt Ihnen in ziemlich deutlichen Worten mit, dass Ihre Brötchen nun wirklich das Letzte seien, dass jedes Kind bessere Brötchen hinbekäme, dass Sie unqualifiziert seien, für diese Arbeit ganz und gar ungeeignet, die Preise vollkommen überzogen, dass Sie ja ohnehin Mitglied der Bäckermafia seien und sich alle Bäcker verschworen hätten, das Volk mit miesen, pappigen, gesundheitsschädlichen, überteuerten Brötchen zu vergiften, weshalb das gesamte Bäckerhandwerk es verdiene, gefälligst unterzugehen. Zum Abschluss sagt jeder noch etwas Unflätiges und packt einen Stapel Papiertüten ein, denn die gibt es ja umsonst. So ungefähr fühlt es sich an, Journalist zu sein, wenn man sich nicht vollkommen abschottet, sondern ab und an Leserkommentare liest.

Ich bin Journalist. Das bedeutet, dass so ungefähr jeder meiner Leser glaubt, meinen Job fünfmal besser erledigen zu können als ich, es aber nicht tut, weil er das Gehalt zu mickrig findet. Und da bleibt ihm nur eins: Beschimpfung. Ein freundlicher Briefeschreiber schickte der Online-Redaktion vor einigen Tagen folgende Mitteilung: „Hallo Zensor-Arschloch. Schreib doch die Kommentare selbst. Du kleiner Flach-Wichser." Ein anderer merkte an: „Stalin, PolPot, die Kims sind Waisenknaben gegen Ihre Zensur. Die FAZ ist ein WIDERWÄRTIGES MANIPULATIONS- und AGITATIONSINSTRUMENT!!!" Und einer steigert sich eher langsam aus einer Aufzählung, was „die Medien" seiner Ansicht nach alles als Populismus bezeichneten, in folgenden Monolog: „Ach, was ermüdet Ihr mich, wie erbärmlich ist das, was Ihr schreibt. Ihr Neunmalklugen Journalisten, die ihr NICHTS zur realen Wertschöpfung dieses Landes beitragt, sondern immerzu nur dummes Zeug redet, schreibt und verfilmt. Ihr habt abgewirtschaftet allesamt. Ihr wisst es nur noch nicht. Ihr missbraucht Eure Rolle als Vierte Macht im Staate - und die Populismuskeule ist Eure einzige Waffe. Jämmerlich, erbärmlich. Ich schäme mich für Euch."

Alle diese Kommentare sind immerhin noch nicht persönlich, denn dann tut es richtig weh. [...]

Konservative nahmen für sich in Anspruch, die Form zu wahren, dazu korrekt und höflich zu sein. [...] Mittlerweile haben sich die Verhältnisse umgedreht. Höflichkeit gilt dem konservativen Kommentartroll als „Gutmenschengetue", jegliche Standards gepflegten Umgangs lehnt er ab. Eine Gemeinschaft gilt ihm nur dann etwas, wenn sie aus Gleichgesinnten besteht, alles Abweichende wird ausgeschlossen. Er ist von einem enormen Sendungsbewusstsein getrieben, fühlt sich als Sprachrohr einer schweigenden Mehrheit, als radikal ehrlich. Er beleidigt schonungslos, besonders gerne Minderheiten, und wer ihn zurechtweist, wird als „Zensor" diffamiert. Er wähnt sich unterdrückt, gegängelt, von einem linken Medienmainstream mundtot gemacht und kompensiert seine vermeintliche Hilflosigkeit mit Unflat. Sein Vokabular ist ein psychopathologisches: An zeitgenössische

Themen werden die Suffixe -wahn, -hysterie, -lüge und -keule angehängt, um sie als Massenpsychose zu diskreditieren. So leben wir nach seiner Wahrnehmung in Zeiten des Genderwahns, der Klimalüge, der Multikultihysterie und der Populismuskeule. All das betreibt der beleidigende Kommentator aber nicht verschämt unter dem Schutz der Anonymität, wie man annehmen könnte, sondern öffentlich, unter Klarnamen. Er versteht sich als dringend notwendigen Korrektor einer gleichgeschalteten Presse und möchte Aufklärung leisten. Er ist stolz auf seine Arbeit.

Andrea Diener: Troll-Kommentare. Meine Tage im Hass. In: Frankfurter Allgemeine Zeitung (FAZ) 11.07.2014, www.faz.net/aktuell/feuilleton/medien/troll-kommentare-meine-tage-im-hass-13038925.html (Zugriff am 15.9.2021) –

M2 Gesetzestexte

Grundgesetz für die Bundesrepublik Deutschland Art. 5

(1) Jeder hat das Recht, seine Meinung in Wort, Schrift und Bild frei zu äußern und zu verbreiten und sich aus allgemein zugänglichen Quellen ungehindert zu unterrichten. Die Pressefreiheit und die Freiheit der Berichterstattung durch Rundfunk und Film werden gewährleistet. Eine Zensur findet nicht statt.

(2) Diese Rechte finden ihre Schranken in den Vorschriften der allgemeinen Gesetze, den gesetzlichen Bestimmungen zum Schutze der Jugend und in dem Recht der persönlichen Ehre.

StGB Strafgesetzbuch

§ 185 **Beleidigung**
Die Beleidigung wird mit Freiheitsstrafe bis zu einem Jahr oder mit Geldstrafe und, wenn die Beleidigung öffentlich, in einer Versammlung, durch Verbreiten eines Inhalts (§ 11 Absatz 3) oder mittels einer Tätlichkeit begangen wird, mit Freiheitsstrafe bis zu zwei Jahren oder mit Geldstrafe bestraft.

§ 186 **Üble Nachrede**
Wer in Beziehung auf einen anderen eine Tatsache behauptet oder verbreitet, welche denselben verächtlich zu machen oder in der öffentlichen Meinung herabzuwürdigen geeignet ist, wird, wenn nicht diese Tatsache erweislich wahr ist, mit Freiheitsstrafe bis zu einem Jahr oder mit Geldstrafe und, wenn die Tat öffentlich, in einer Versammlung oder durch Verbreiten eines Inhalts (§ 11 Absatz 3) begangen ist, mit Freiheitsstrafe bis zu zwei Jahren oder mit Geldstrafe bestraft.

§ 187 **Verleumdung**
Wer wider besseres Wissen in Beziehung auf einen anderen eine unwahre Tatsache behauptet oder verbreitet, welche denselben verächtlich zu machen oder in der öffentlichen Meinung herabzuwürdigen oder dessen Kredit zu gefährden geeignet ist, wird mit Freiheitsstrafe bis zu zwei Jahren oder mit Geldstrafe und, wenn die Tat öffentlich, in einer Versammlung oder durch Verbreiten eines Inhalts (§ 11 Absatz 3) begangen ist, mit Freiheitsstrafe bis zu fünf Jahren oder mit Geldstrafe bestraft.

M3

Daniel Geschke, Anja Klaßen, Matthias Quent, Christoph Richter

Auszug aus dem Forschungsbericht: #Hass im Netz: Der schleichende Angriff auf unsere Demokratie (2019)

[Begriffsbestimmung: Was ist Hate Speech/Hasssprache]

Aggressive oder allgemein abwertende Aussagen gegenüber Personen, die bestimmten Gruppen zugeordnet werden, werden „Hate Speech“ genannt bzw. synonym auch „Hassrede“, „Hasssprache“ oder „Hasskommentare“. Dabei kann es um unterschiedliche Gruppen bzw. soziale Kategorien gehen, von Geschlecht oder der ethnischen Herkunft bis hin zu Berufsgruppen wie „Politiker*innen“. Hate Speech ist nach dieser Definition somit abzugrenzen von individuellen Formen der Herabsetzung, die sich nicht auf bestimmte Gruppenmitgliedschaften beziehen, wie z. B. individuelle Beleidigungen, Belästigungen oder Cybermobbing. „Hasssprache“ bezieht sich damit weniger auf die Emotion, als vielmehr auf negative Vorurteile gegenüber spezifischen Gruppen von Menschen. Mit Hate Speech ist also vor allem vorurteilsgeleitete, abwertende Sprache gemeint. Hate Speech ist ein Sammelbegriff für verschiedene Äußerungen, die rechtlich relevant sein können. Im strafrechtlichen Sinne sind in Deutschland in diesem Kontext vor allem relevant: Beleidigung, üble Nachrede, Verleumdung, öffentlicher Aufruf zu Straftaten, Volksverhetzung, Nötigung und Bedrohung. Netzwerkbetreibende wie Facebook oder Twitter haben für ihre Plattformen wiederum eigene Definitionen von Hate Speech, auf deren Grundlage Hasskommentare bewertet und geahndet werden.

Institut für Demokratie und Zivilgesellschaft (IDZ) (Hrsg.): Hass im Netz: der schleichende Angriff auf unsere Demokratie, Jena, Juni 2019, S. 15

M4

Johannes Baldauf, Yasmina Banaszczuk, Ansgar Koreng, Julia Schramm, Anatol Stefanowitsch

Auszug aus: „Geh sterben“. Umgang mit Hate Speech und Kommentaren im Internet

GEGENSTRATEGIEN

Im Umgang mit Hate Speech gibt es verschiedene Möglichkeiten, die alle Vor- und Nachteile haben.

Ignorieren

Vorteil: Die Störer_innen bekommen keine Aufmerksamkeit, um die es meistens geht. Debatten laufen sich tot.

Nachteil: Debatten werden von lauten, aggressiven Gruppen dominiert. Diskriminierung wird reproduziert, so dass Debatten für Minderheiten und marginalisierte Gruppen abschreckend sind.

Moderieren

Vorteil: Moderieren eröffnet Räume für plurale Debatten und echten Austausch. Menschen, die Diskriminierung täglich ausgesetzt sind, ziehen sich langfristig zurück, so dass ihre Perspektive keine Rolle mehr spielt. Eine klare Moderation verhindert diese Ausschlüsse.

Nachteil: Aufwändig und teuer. Debattenteilnehmer_innen werden verzerrt dargestellt, wenn die problematischen Beiträge kommentarlos gelöscht werden und andere Beiträge ebenso unkommentiert gestattet sind. Und da stellt sich die Frage: Sollten die Nutzer_innen wissen, dass der freundliche Honigbienen-Experte auch gerne mal rassistisch argumentiert?

Beispiel: Beleidigungen, Kommentare abseits vom Thema („Off-Topic") und destruktives Debattenverhalten löschen oder verschieben.

Diskutieren

Vorteil: Journalist_innen und die Häuser, unter deren Flagge die Debatten stattfinden, haben eine besondere Autorität, so dass Diskussionen stark beeinflusst werden können. Hinzu kommt, dass viele Nutzer_innen an einer Debatte interessiert und für Informationen grundsätzlich offen sind.

Nachteil: Noch aufwändiger und teurer, da mehr Zeit investiert werden muss. Auch kostet es viele Nerven und ist anstrengend.

Beispiel: Problematische Aussagen thematisieren. Zusätzliche Quellen anbieten.

Ironisieren

Vorteil: Die Journalist_innen können Haltung beweisen und gleichzeitig die Absurdität einiger Diskussionsbeiträge aufzeigen. Auch ist es ein Ventil für Frustrationen, die durch Debatten entstehen.

Außerdem lassen sich Diskussionen mit humoristischen Elementen erstaunlich gut lenken.

Nachteil: Die Diskussion wird dadurch kaum befördert, Dialog nicht ermöglicht - die Fronten verhärten sich.

Beispiel: Kommentar: Da habt ihr doch keine Wahl ihr Lügner ... ihr seid nur Instrumente!! Antwort „Die Welt": Ich bin eine Oboe. Und das lasse ich mir von dir auch nicht verbieten.

Amadeu Antonio Stiftung (Hrsg.): Geh sterben! Umgang mit Hate Speech und Kommentaren im Internet. © Amadeu Antonio Stiftung, Berlin 20.04.2015

M5

Heinrich Böll

Wer die Sprache liebt, weiß, daß sie das Menschlichste am Menschen ist und daß sie darum auch der schrecklichste Ausdruck seiner Unmenschlichkeit werden kann: Worte töten, Worte heilen.

Kölner Ausgabe Bd. 14 der Heinrich Böll Werkausgabe, herausgegeben von Jochen Schubert, „Epitaph für Walter Widmer", S. 324-325, Köln, Kiepenheuer und Witsch, 2002

M6

Max Hoppenstedt

Gesetz gegen Hate Speech. Vier Probleme des Maßnahmenpakets gegen Hasskriminalität

Justizministerin Lambrecht verschärft den Kampf gegen strafbare Hetze im Netz mit einem weitreichenden Gesetz. Die Maßnahmen könnten helfen, bergen aber auch Gefahren.
Zweieinhalb Jahre ist es nun her, dass in Deutschland ein Gesetz in Kraft getreten ist, um strafbare Hetze im Netz einzudämmen. Doch trotz des Netzwerkdurchsetzungsgesetzes (NetzDG) sind Volksverhetzung, verfassungsfeindliche Symbole und Beleidigungen in den sozialen Netzwerken bis heute Alltag.
Zwar löschten die großen Tech-Konzerne wie Facebook, Twitter und die YouTube-Mutterfirma Google allein im vergangenen Jahr mehrere Hunderttausend Posts. Doch diejenigen, die die Beiträge geschrieben haben, bleiben in den allermeisten Fällen straffrei. Das liegt auch daran, dass die Plattformbetreiber deutschen Ermittlern längst nicht in allen Fällen Daten zu den Nutzern weitergeben.
Das soll sich mit einem Maßnahmenpaket gegen Rechtsextremismus und Hasskriminalität nun ändern. Als größte Neuerung im Kampf gegen Hass im Netz bringt es eine zentrale Meldestelle beim Bundeskriminalamt (BKA) mit sich, die die bisherigen NetzDG-Regelungen ergänzt. Die großen Tech-Konzerne sollen im Zuge dessen verpflichtet werden, automatisch die IP-Adressen aller Posts, die sie wegen Verstößen gegen knapp ein Dutzend Straftatbestände gelöscht haben, an das BKA weiterzugeben.
Das bedeutet: Wenn Facebook einen volksverhetzenden Beitrag oder ein Hakenkreuz löscht, leitet es automatisch die zugehörige IP-Adresse an das BKA weiter. Damit könnten die Ermittler herausfinden, wer den Beitrag gepostet hat – und ermitteln. [...]

Max Hoppenstedt, DER SPIEGEL, 18.6.2020. https://www.spiegel.de/netzwelt/netzpolitik/hate-speech-vier-probleme-des-massnahmenpakets-gegen-hasskriminalitaet-a-ce1464ac-1c1f-4233-894f-153276793890)

M7

Forschung: „Hasskommentare bedrohen die Demokratie“ Interview mit Extremismusforscher Matthias Quent

Eine neue Studie belegt: Aus Angst vor Hasskommentaren halten sich immer mehr Menschen aus politischen Diskussionen im Internet raus. So werde die freie Meinungsäußerung zunehmend eingeschränkt, mahnt Extremismusforscher Matthias Quent.

Bmbf.de [Bmbf = Bundesministerium für Bildung und Forschung]: Herr Quent, der Mord an dem hessischen CDU-Politiker Walter Lübcke zeigt: Hass, der im Internet beginnt, kann auch in die reale Welt übergreifen. Müssen wir in Zukunft öfter mit solchen Anschlägen rechnen?
Matthias Quent: Das ist ein Extremfall – die Spitze des Eisberges. Die rechte Szene radikalisiert sich und greift zunehmend neben Minderheiten auch den Staat und seine Repräsentantinnen und Repräsentanten an – in Worten und Taten. Und: Beleidigungen, Ge

waltandrohungen oder Diskriminierungen schlagen auch aus dem Netz mehr und mehr über die Medien oder Talk-Shows bis in die reale Welt durch. Viele Menschen besorgt das: 72 Prozent der Deutschen fürchten, dass durch Aggressionen im Internet die Gewalt im Alltag zunimmt. Der Hass gehört schon fast zum Alltag – und wird weiter zunehmen.

Wie kommen Sie darauf?

Das ist eine Generationenfrage. Ein Ergebnis unserer Studie ist, dass jeder zwölfte Deutsche schon einmal persönlich von Hate Speech betroffen war. Aber: Bei jungen Erwachsenen zwischen 18 und 24 Jahren ist es schon fast jeder Fünfte! Je mehr die Menschen soziale Netzwerke nutzen, desto mehr sind sie dort auch von Hassbotschaften betroffen.

Hat Sie das überrascht?

Nein, das hatten wir erwartet. Überraschend – und erschreckend – waren für uns die Konsequenzen daraus: Zwei Drittel derjenigen, die persönlich von Hassbotschaften betroffen sind, berichten von negative Folgen wie emotionalen Stress, Angst und Depressionen. Mehr als die Hälfte der Befragten bringen sich aus Angst vor Hasskommentaren weniger in politische Diskussionen im Internet ein. Hasskommentare bedrohen die Meinungsvielfalt und damit die Demokratie. [...]

Interview: Bundesministerium für Bildung und Foschung, Berlin 3.7.2019

M8

Verbreitung von Hasskommentaren

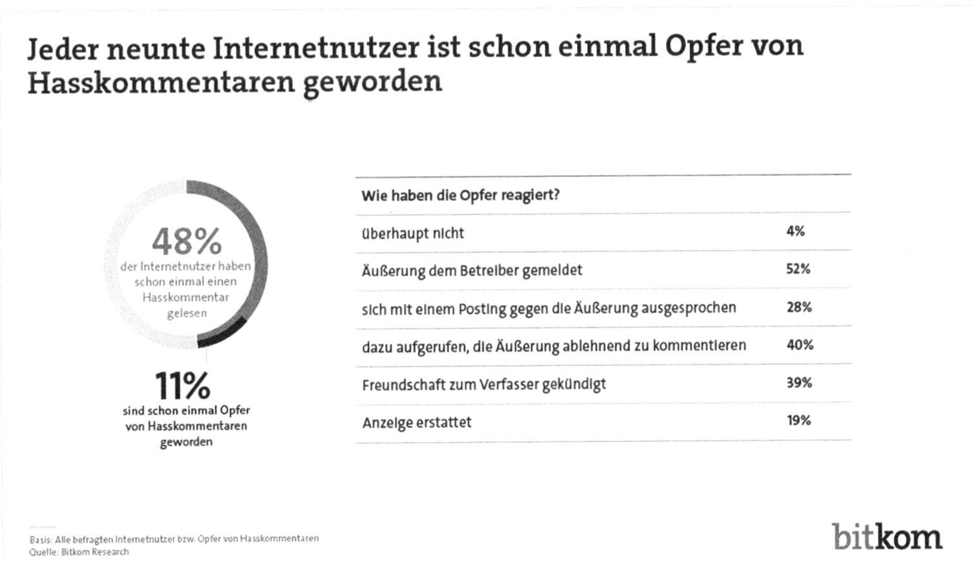

www.bitkom.org/sites/default/files/styles/media_teaser_large/public/image/import/151211-Hasskommentare.jpg?itok=EZxVtZEL (Zugriff am 15.9.2021)

Zwischentest

/4

1 Welche Möglichkeiten für einen Interesse weckenden Aufhänger in der Einleitung kennen Sie?

....

....

....

/2

2 Beschreiben Sie den Unterschied zwischen einem informierenden und einem argumentierenden Text.

....

....

....

/4

3 Entwickeln Sie eine geeignete Lesestrategie, wie Sie das vorliegende Materialdossier am besten zielführend auswerten können.

....

....

....

....

/12

★ **4** Erstellen Sie eine Mindmap zum Thema Hate Speech – zunächst auf Basis Ihres eigenen Vorwissens, dann ergänzen Sie sie um Informationen aus dem vorliegenden Material.

/22 **Gesamtpunktzahl**

Kontrollieren Sie Ihre Ergebnisse mithilfe der Lösungen (S. 141) und addieren Sie die erreichten Punkte.

☐ 22 bis 18 Punkte: 🙂 ☐ 17 bis 12 Punkte: 😐 ☐ 11 bis 0 Punkte: 😕

Abschlusstest

A Rechtschreibung und Zeichensetzung

1 Setzen Sie die im folgenden Text insgesamt 11 Kommas an den richtigen Stellen ein:

„Europa war die Tochter des phönikischen Königs Agenor eine Jungfrau von strahlender Schönheit. Einst sandte ihr Kythereia die Göttin der Liebe gegen Morgen zu der Zeit wo der süße Glieder lösende Schlaf nur leicht auf der Wimper ruht und unter den Schlummernden der Schwarm trugloser Träume umherschweift einen süßen seltsamen Traum. Während die Jungfrau da lag in Schlafes Arm wähnte sie die beiden Weltteile Asien und die gegenüberliegende Festung in Frauengestalt um sich kämpfen zu sehen."

Mit diesen Worten beginnt auf poetische Weise die antike Europa-Sage die den Beginn und den Ausgangspunkt der Kulturgeschichte unseres Kontinents bildet.

Gesamtpunktzahl Aufgabe 1 /11

B Sprache und Grammatik

2 Formen Sie den nachfolgenden Text in die indirekte Rede um:

„Der bündnisgrüne Bundestagskandidat Hermann Reyher warnt vor dem häufigen Gebrauch von Handys: „Mobilfunk ist eine Gefahr für die Bürger. Die Frage, ob die von Mobilfunk-Masten ausgehende Strahlung gefährlich ist, tritt eher in den Hintergrund, da das Telefonieren mit dem Handy weitaus gefährlicher sein kann: 10 Minuten mit dem Handy zu telefonieren bewirkt in etwa die Dosis von Strahlen, der man ausgesetzt ist, wenn man einen ganzen Tag in 50 Metern Entfernung von einer Mobilfunkanlage verbringt. Solange es keine gesicherten Erkenntnisse in Bezug auf die Gefährdung gibt, muss man sensibel sein und verantwortlich mit dieser Technologie umgehen. Denn diese Strahlung kann Konzentrationsstörungen oder Schlaflosigkeit verursachen und sogar Krebserkrankungen auslösen. Deshalb soll man Handys nicht in der Nähe lebenswichtiger Organe tragen."

Gesamtpunktzahl Aufgabe 2 /12

Kontrollieren Sie Ihre Ergebnisse mithilfe der Lösungen (S. 141–143) und addieren Sie die erreichten Punkte.

Teilbereich A:	☐ 11 bis 9 Punkte: 🙂	☐ 8 bis 6 Punkte: 😐	☐ 5 bis 0 Punkte: 😕
Teilbereich B:	☐ 12 bis 10 Punkte: 🙂	☐ 9 bis 6Punkte: 😐	☐ 5 bis 0 Punkte: 😕

Abschlusstest

C Literaturgeschichte

/5

3 Ordnen Sie die folgenden Epochen der deutschen Literaturgeschichte zeitlich zu:

a) Sturm und Drang (1) 1850–1900
b) Exilliteratur (2) 1795–1835
c) Expressionismus (3) 1905–1925
d) Realismus (4) 1933–1945
e) Romantik (5) 1765–1785

/5

4 Ordnen Sie den vorliegenden Dramenauszug literaturhistorisch ein. Begründen Sie kurz Ihre Entscheidung.

Karl von Moor (legt das Buch weg): Mir ekelt vor diesem tintenklecksenden Säkulum, wenn ich in meinem Plutarch von großen Menschen lese. [...] Der lohe Lichtfunke Prometheus ist ausgebrannt, dafür nimmt man itzt die Flamme von Bärlappenmehl! – Theaterfeuer, das keine Pfeife Tabak anzündet. Da krabbeln sie nun, wie die Ratten auf der Keule des Herkules und studieren sich das Mark aus dem Schädel, was das für ein Ding sei, das er in seinen Hoden geführt hat? [...]

Friedrich Schiller: Die Räuber, 1. Akt, 2. Szene. Reclam, Stuttgart, S. 19
Plutarch (ca. 45 bis 125 n. Chr.) war ein griechischer Schriftsteller und Verfasser zahlreicher Biografien.

/10 **Gesamtpunktzahl Aufgabe 3 und 4**

D So gehen Sie bei Textanalysen vor

5 Wie bauen Sie eine Textanalyse auf? Welche Angaben gehören unbedingt in die Einleitung?

/8 **Gesamtpunktzahl Aufgabe 5**

E Die Erörterung pragmatischer Texte

6 Erörtern Sie Konsequenzen, die sich aus dem Text „Luxus – woher, und wohin damit?“ von Hans Magnus Enzensberger (S. 57) ergeben.

/5 **Gesamtpunktzahl Aufgabe 6**

Kontrollieren Sie Ihre Ergebnisse mithilfe der Lösungen (S. 141–143), addieren Sie die erreichten Punkte.

Teilbereich C:	☐ 10 bis 8 Punkte: 🙂	☐ 7 bis 5 Punkte: 😐	☐ 4 bis 0 Punkte: 😕
Teilbereich D:	☐ 8 bis 7 Punkte: 🙂	☐ 6 bis 5 Punkte: 😐	☐ 4 bis 0 Punkte: 😕
Teilbereich E:	☐ 5 Punkte: 🙂	☐ 4 Punkte: 😐	☐ 3 bis 0 Punkte: 😕

Abschlusstest

F Die Erörterung literarischer Texte

★ **7** Ihnen ist die Aufgabe gestellt, eine Texterörterung zu schreiben. Nennen Sie die Aufgabenschritte, die Sie sinnvollerweise erledigen /5

8 Beschreiben Sie den Text „Gibs auf!“ von Franz Kafka (Seite 45). /5

Gesamtpunktzahl Aufgaben 8 und 9 /10

G Die Interpretation literarischer Texte

9 Arbeiten Sie aus dem kurzen Text von Marie-Luise Kaschnitz (Seite 93) die These der Autorin heraus und überlegen Sie, welche Wirkung die von ihr benutzten sprachlichen Mittel haben und ob diese Mittel der Intention der Verfasserin dienen.

Gesamtpunktzahl Aufgaben 9 und 10 /10

H Materialgestütztes Schreiben

10 Versuchen Sie ein Zeitbild der Nachkriegsliteratur (s. hier S. 48/49) zu entwickeln, indem Sie die Texte von Wolfgang Borchert (S. 49) und Hans Magnus Enzensberger zugrunde legen (S. 57). /5

11 Angenommen die Aufgabenstellung zum materialgestützten Schreiben lässt Ihnen die Wahl, dass Sie zum Thema Hate Speech entweder eine Rede für die SMV-Versammlung verfassen oder einen informierenden Text für eine Zeitung. Welche Unterschiede auf Ebene der Form müssen Sie beachten? /5

Gesamtpunktzahl Aufgaben 10 und 11 /10

ntrollieren Sie Ihre Ergebnisse mithilfe der Lösungen (S. 141–143), addieren Sie die erreichten Punkte.

bereich F: ☐ 10 bis 8 Punkte: 🙂 ☐ 7 bis 5 Punkte: 😐 ☐ 4 bis 0 Punkte: 😕

bereich G: ☐ 10 bis 8 Punkte: 🙂 ☐ 7 bis 5 Punkte: 😐 ☐ 4 bis 0 Punkte: 😕

bereich H: ☐ 10 bis 8 Punkte: 🙂 ☐ 7 bis 5 Punkte: 😐 ☐ 4 bis 0 Punkte: 😕

Anhang

Vorschau

- Referate
- längere schriftliche Arbeiten
- Protokolle
- Prüfungsvorbereitung

Das Referat

Referate und Präsentationen gehören nicht nur zum Schulalltag, sie sind auch Bestandteile aller späteren Ausbildungsgänge und vieler Berufsbilder: Dabei geht es stets darum, ein vorgegebenes oder ein selbst gewähltes Thema zu bearbeiten und es mündlich in einem Vortrag zu präsentieren. Oft muss das Thema danach schriftlich als Fach- oder Hausarbeit vorgelegt werden.

Egal, ob es sich nun um ein mündliches oder ein schriftliches Referat handelt – stets können Sie mit der gleichen Methode vorgehen. Zunächst ist es wichtig, dass Sie das Thema eindeutig formulieren und es möglichst stark eingrenzen. Denn viel zu oft sind die Themen zu allgemein gefasst. Statt dessen ist es meist besser, einen Einzelaspekt herauszugreifen und dann genauer zu untersuchen.

Anstatt beispielsweise ein allgemeines Referat über Bertolt Brecht zu halten, könnte es sinnvoller sein, das Thema auf z. B. „Bert Brechts Kapitalismuskritik" zu begrenzen und Grundzüge seines gesellschaftspolitischen Denkens an Hand eines für ihn typischen Texts wie z. B. dem über „Wenn die Haifische Menschen wären ..." (S. 7) zu veranschaulichen.

Nach der Festlegung des Themas ist es sinnvoll, die zentrale Fragestellung explizit zu formulieren, die sich wie ein roter Faden durch den ganzen Vortrag ziehen sollte. Anschließend gehen Sie am besten ähnlich wie bei einer Texterörterung vor:

1. Zunächst sammeln Sie Daten und Fakten, notieren sich Ihre eigenen Einfälle, stellen Material zusammen und untersuchen Ihre Fragestellung systematisch.
2. Danach gliedern Sie alles, was Sie gesammelt haben, sorgfältig und systematisch.
3. Nun überlegen Sie sich eine passende Einleitung, die Ihre Zuhörer fesseln könnte.
4. Anschließend beginnen Sie mit der Ausarbeitung.
5. Legen Sie gerade beim Referat Wert auf die abschließene Zusammenfassung.

TIPP

Nutzen Sie die Chance, ***freiwillig*** ein Referat zu halten, indem Sie sich rechtzeitig überlegen, welches Thema aus dem Deutschunterricht Sie interessiert und schlagen Sie dies Ihrem Lehrer vor. Gerade auch bei Referaten gilt, dass nur die Übung den Meister macht.

TIPP

10 Tipps für das Halten von Referaten:

- Erstellen Sie sich ein groß geschriebenes Redemanuskript, das Sie auch aus einer etwas größeren Entfernung gut lesen können.
- Im Redemanuskript stehen nur wichtige Stichworte und Gliederungspunkte.
- Nennen Sie möglichst gleich am Anfang, worum es geht und wie Ihre zentrale Fragestellung lautet.
- Denken Sie daran, am Schluss noch einmal auf die Ausgangsfragestellung zurückzukommen – und sie möglichst differenziert zu beantworten.
- Möglichst nicht ablesen, sondern frei sprechen und Blickkontakt halten.
- Die Zuhörer direkt ansprechen: „Wusstet ihr schon, dass ...?"
- Fachbegriffe und unbekannte Fremdwörter erklären.
- Besonders Interessantes und gut Formuliertes zitieren, aber nur kurze Passagen.
- Keine langen Schachtelsätze, sondern vor allem Hauptsätze.
- Nicht zu viele Fakten, auch Gefühl und Willen ansprechen.
  Deshalb Anekdoten, Beispiele und Amüsantes nicht vergessen!

Längere schriftliche Arbeiten

Immer häufiger werden in der Oberstufe von den Schülerinnen und Schülern umfangreichere „Hausarbeiten" verlangt, die den Rahmen gewöhnlicher Hausaufgaben sowohl quantitativ als auch qualitativ bei weitem übersteigen. Dafür hat man in der Regel sehr viel mehr Zeit für eine derartige Hausarbeit, die mitunter als „Facharbeit" bezeichnet wird. Außerdem dürfen Sie sich zumeist das Thema in Absprache mit Ihrem Lehrer selbst aussuchen.

Da es bei Hausarbeiten in jedem Fall – auch, wenn sie mit einem mündlichen Vortrag verbunden sind – auf die schriftliche Ausarbeitung ankommt, müssen Sie Wert auf die äußere Form und den Aufbau Ihrer Arbeit legen. Vielfach wird erwartet, dass eine Hausarbeit getippt vorgelegt wird, sodass Sie also darauf angewiesen sind, einen Computer zu benutzen. Auch wenn dies im ersten Moment unangenehm sein mag, weil Sie vielleicht wenig geübt im Umgang mit Textprogrammen sind, ist es andererseits doch auch eine Chance für Sie, einen wichtigen Teil digitalen Arbeits zu erproben oder zu vertiefen.

Eine Schwierigkeit beim Schreiben von Hausarbeiten besteht für viele darin, dass Sie Zitate mit den entsprechenden Quellenangaben versehen müssen. Außerdem sollte am Ende der Arbeit ein Literaturverzeichnis stehen, in dem die von Ihnen benutzten Bücher, Zeitungsaufsätze und Internetartikel nachgewiesen werden.

Falls diese Ansprüche an eine Arbeit von Ihnen gestellt werden, sollte Ihr Lehrer Ihnen und Ihren Mitschülern vorher genau angeben, welche formalen Regeln Sie einhalten sollen. Das ist wichtig, weil es höchst unterschiedliche Zitierweisen und Arten von Literaturverzeichnissen gibt. Dasselbe gilt für das Aussehen der ganzen Arbeit. Auch hier sollten Sie vor Beginn genau wissen, welche Ansprüche an Ihre Arbeit gestellt werden (Rand, Schriftart und Schriftgröße; Deckblatt; Inhaltsverzeichnis; Seitenzählung usw.).

Hoffentlich waren diese Hinweise für Sie jetzt nicht abschreckend. Denken Sie bitte daran, dass alle diese technischen Aspekte, wenn man nur daran denkt, letztlich leicht zu bewältigen sind. Zudem sind solche längeren schriftlichen Arbeiten (und ihre Formalia) eine erste Einübung in den Arbeitsalltag eines möglichen Studiums.
Was die inhaltliche und thematische Seite einer Hausarbeit anbetrifft, gilt das oben zur Erstellung eines Referats Gesagte in gesteigerter Weise: Gehen Sie mit System und Verstand vor und erledigen Sie unbedingt eine Reihe von Vorarbeiten, ehe Sie mit der Ausarbeitung des Manuskripts beginnen.

TIPP

Es haben sich die folgenden Arbeitsschritte bewährt:

1. Legen Sie das Thema so fest, dass es nicht zu weit gefasst ist, sondern eine eng umgrenzte Fragestellung beinhaltet.
2. Präzisieren Sie diese Fragestellung und formulieren Sie sie erst für sich als Arbeitshypothese und dann auch in der Einleitung zu Ihrer Arbeit.
3. Sammeln Sie verschiedenstes Material, das direkt oder indirekt mit Ihrer zentralen Fragestellung zu tun hat. Recherchieren Sie dafür in Bibliotheken und im Internet, fragen Sie interessierte Bekannte und natürlich auch Ihren Lehrer gezielt nach hilfreichen Literaturhinweisen.
4. Setzen Sie sich einen Zeitpunkt, an dem Sie die Materialsuche beendet haben wollen oder beendet haben müssen. Beginnen Sie danach zügig mit der Auswertung Ihres Materials, das Sie selbstverständlich vorher noch sortieren und ordnen sollten.
5. Anschließend ist es ratsam, relativ viel Zeit auf die Gliederung der Arbeit zu verwenden. Dabei sollten Sie Ihre zentrale Fragestellung und das eigentliche Thema nie aus dem Auge verlieren!
6. Nach Fertigstellung der Gliederung sollten Sie nach einer passenden, möglichst originellen Einleitung suchen und diese zunächst vorschreiben.
7. Mit dem Abschreiben der Einleitung beginnt dann schon die Ausarbeitung und Ausformulierung der in der Gliederung zusammengefassten Gedanken.
8. Bevor Sie Ihre Arbeit abschließen, sollten Sie noch einen guten Schluss finden, in dem Sie die Ausgangsfragestellung nochmals aufgreifen und differenziert beantworten.

Übrigens: Wenn Sie nicht so gerne mündlich „auftreten“ und sich davor scheuen, ein Referat zu halten, sollten Sie umso mehr überlegen, einmal eine Hausarbeit, vielleicht sogar freiwillig, anzufertigen und Ihr Interesse für ein ja dann von Ihnen bestimmtes Thema unter Beweis zu stellen.“

TIPP

Recherchieren Sie im Internet, wie Sie am besten digital präsentieren (etwa per Beamer oder auf dem Whiteboard). Beachten Sie, dass Sie sowohl geeignete Programme/Apps als auch Geräte brauchen.

Das Protokoll

Überall in der Arbeitswelt werden Vorgänge und Ergebnisse schriftlich niedergelegt und protokolliert. Dies gilt inzwischen selbst schon für die meisten Handwerker, die nach getaner Arbeit Ihre Dienstleistungen notieren und sich von ihrem Auftraggeber bestätigen lassen. In vielen Branchen wie z. B. bei Versicherungen und Banken ist es üblich geworden, sogenannte Beratungsprotokolle anzufertigen, um die Einhaltung bestimmter Informationspflichten später dokumentieren zu können.
Zur Übung und aus praktischen Gründen müssen deshalb schon in der Schule vermehrt Stundenprotokolle geschrieben werden, in denen das Wichtigste der betreffenden Unterrichtseinheit schriftlich festgehalten wird.
Dabei unterscheidet man zwei verschiedene Protokollformen: Zum einen das Verlaufsprotokoll, in dem der gesamte Ablauf eines Vorgangs zusammengefasst wird, zum anderen das Ergebnisprotokoll, bei dem, wie der Name schon sagt, nur die wesentlichen Ergebnisse und Beschlüsse z. B. einer Sitzung oder eines Gesprächs notiert werden.
In der Regel wird das Ergebnisprotokoll bevorzugt, weil es schneller erstellt werden kann und weil es auf das Wesentliche komprimiert ist. Bei prozessorientierten Vorgängen wie in einer Psychotherapie oder bei der Wiedergabe von wichtigen Geschehnissen hat aber auch das Verlaufsprotokoll seine Berechtigung.
Bei Unterrichtsprotokollen kommt es ganz darauf an, welche Form des Protokollierens jeweils angemessener ist. Wenn es um ein Unterrichtsgespräch geht, lohnt es sich oft, ein Verlaufsprotokoll anzufertigen, wohingegen in der Verfügungsstunde beispielsweise bei der Planung einer Klassenfahrt in der Regel ein Ergebnisprotokoll ausreichen sollte.

REGEL

Nachfolgend nun wichtige Punkte für das Protokollieren:

- Oben steht der Protokollkopf mit Angaben zum Ort sowie zum Beginn und Ende der Veranstaltung mit dem Tagesdatum, den Namen der Teilnehmer (sowie den Namen der nicht Anwesenden) und den Namen des Vorsitzenden und des Protokollführers.
- Sachbetonter um Objektivität und Unparteilichkeit bemühter Nominalstil
- Verknappte, auf das Wesentliche konzentrierte Schreibweise
- Aus Gründen der Übersichtlichkeit empfiehlt es sich, wichtige Punkte gut gegliedert untereinander zu schreiben.
- Dabei ist es sinnvoll, Gliederungszeichen (wie z. B. Spiegelstriche oder Pfeile, fette Punkte oder Quadrate) zu benutzen.
- Falls es eine Tagesordnung gibt (mit verschiedenen TOP / Tagesordnungspunkten), sollte diese in numerischer Folge auch im Protokoll wiedergegeben werden.
- Am Schluss steht stets das Ergebnis, wenn möglich sogar in Form eines Beschlusses – oder, falls es kein greifbares Ergebnis gab, die geplante weitere Vorgehensweise.

Prüfungsvorbereitung

Die Klausuren in Deutsch haben eine besondere Bedeutung, da das Fach Deutsch als Kernkompetenzfach für den Notendurchschnitt sehr stark gewichtet wird. Außerdem hat diese Note bei Bewerbungen ein hohes Gewicht. Auch sonst gilt gerade das Fach Deutsch als ein Gradmesser für das Maß an Allgemeinbildung, das Sie sich erwerben. So lohnt es sich für Sie und Ihre Mitschüler mehrfach, wenn Sie sich gerade in Deutsch anstrengen. Dies gilt, weil die Arbeitstechniken, die Sie in Deutsch lernen, in fast allen anderen Fächern relevant sind: Inhaltsangaben, die Bearbeitung von Texten, Erörterungen und Stellungnahmen werden von Ihnen gleichermaßen z. B. in Geschichte, Politik, Geografie, Erziehungswissenschaft usw. verlangt. Hier wie dort müssen Sie Referate halten und Hausarbeiten anfertigen. Alles dies wird Ihnen besser gelingen, wenn Sie diese grundlegenden Arbeitstechniken gut beherrschen. Und wo lernen Sie den Umgang damit besser als im Rahmen des Deutschunterrichts?
Zur langfristigen Vorbereitung auf die Abiturprüfung lohnt es sich, wenn Sie sich frühzeitig über die Prüfungsbestimmungen und die Bewertungsmaßstäbe dieser Abschlussprüfung im Klaren werden. Denn nur wenn Sie über die Spielregeln genau Bescheid wissen, können Sie sich präzise vorbereiten und das eigene Leistungspotenzial gezielt verbessern. Von besonderem Interesse ist es, schon lange vor der Prüfung zu wissen, welche Aufgabentypen in der jeweiligen Prüfung vorkommen. Beim Abitur werden in der Regel bis zu fünf verschiedene Aufgabenformen vorgelegt, von denen eine ausgewählt und bearbeitet werden muss.
Studieren Sie nun sorgfältig die folgende Übersicht der möglichen Aufgabentypen und überlegen Sie, welche Sie schon geübt haben und welche Ihnen besonders liegen.

Aufgabenformen im Fach Deutsch in der Oberstufe

REGEL

1. Die **Textbeschreibung/Textwiedergabe**, die sich meist auf eine kurze Geschichte bezieht, die vorher nicht bekannt war. Dabei ist der Inhalt zunächst in Form einer Inhaltsangabe zusammenzufassen. Danach müssen der Aufbau des Textes sowie seine Form und seine sprachliche Gestaltung untersucht werden.
   Außerdem sollte die Textintention herausgearbeitet werden.
2. Die **Interpretation eines Kurzprosatexts oder eines Gedichts**, das nicht bekannt war: Wie bei der Textbeschreibung muss der Inhalt wiedergegeben und untersucht werden. Es folgt die Analyse von Sprache und Form sowie die Interpretation.
3. Die **Textanalyse**, bei der literarisch anspruchsvolle Textauszüge z. B. aus einem bürgerlichen Trauerspiel oder aus einem Roman analysiert werden müssen. Hier geht es darum, spezifische Textmerkmale herauszuarbeiten und hinsichtlich ihrer Funktion und Wirkung zu hinterfragen.
4. Argumentieren und Erörtern („Pro und kontra") im Anschluss an einen vorgegebenen Text: Bei dieser sogenannten **„Texterörterung"** geht es darum, zunächst den Sachverhalt zusammenzufassen. Danach soll das Thema kontrovers erörtert werden, wobei der Text im ganzen Aufsatz als Ausgangspunkt und Orientierung dienen soll. Den Schluss bildet die eigene begründete Stellungnahme.

REGEL

5. Die **freie Erörterung** einer allgemeinen Fragestellung, die sich an eine geistreiche Sentenz, also an einen Ausspruch einer bekannten Persönlichkeit anschließt. Bei dieser anspruchsvollen Aufgabenstellung geht es darum, eigene Gedanken zu einem vorher nicht bekannten Thema zu entwickeln und dabei Pro und Kontra zu erörtern.
6. **Produktive Schreibaufgaben**, bei denen im Anschluss an eine vorher im Unterricht behandelte Lektüre aus der Perspektive einer der beteiligten Personen ein eigener Text produziert werden muss. Hierbei handelt es sich um eine Aufgabenform, die Kreativität und Fantasie erfordert und große Gestaltungsmöglichkeiten bietet. Allerdings wird in der Aufgabenstellung die Textsorte festgelegt: Dies kann ein Tagebucheintrag, ein innerer Monolog, ein Brief oder ein Artikel für eine Zeitung, eine Rede oder mitunter sogar die Darstellung einer Szene sein.
7. **Materialgestütztes Schreiben** (Siehe S. 106–115)
8. **Erörterung eines literarischen Texts** (Siehe S. 78 - 86)

In der Oberstufe werden Sie also in Deutsch mit sehr unterschiedlichen Aufgabenarten konfrontiert. Dabei müssen Sie mit der Zeit selbst herausfinden, welche Aufgabenformen Ihnen besonders liegen – und welche nicht. Allerdings sollten Sie sich ebenso an Aufgabenstellungen heranwagen, die Ihnen zunächst vielleicht etwas fremd sind. Probieren Sie einmal eine Gedichtinterpretation und schauen Sie, ob Ihnen das produktive Schreiben möglicherweise sogar Spaß macht. Letzteres ist insbesondere der Fall, wenn Sie eher kreativ veranlagt sind – und eventuell mit Analyse und Erörterung Ihre Probleme haben.
Sie sollten sich im Laufe der nächsten Zeit allmählich darüber klar werden, wo Ihre besonderen Stärken und Schwächen liegen.

Prüfen Sie zudem, welche speziellen Bestimmungen in Ihrem Bundesland gelten. Aufgrund der Bildungshoheit der Länder differieren die Lehrpläne und Prüfungsordnungen nach wie vor voneinander. Dies gilt für das Fach Deutsch sogar in starkem Maße, sodass die Schwerpunke etwa in Bayern ganz anders sind als in Nordrhein-Westfalen, Niedersachsen oder Brandenburg.
Deshalb ist es sinnvoll, sich frühzeitig darüber zu informieren, welche Anforderungen in Ihrem Bundesland und an Ihrer Schule gestellt werden. Fragen Sie daher Ihren Deutschlehrer bzw. Ihre Deutschlehrerin, was genau von Ihnen erwartet wird, welche Aufgabenarten besonders intensiv geübt werden sollten und nach welchen Gesichtspunkten die Deutschklausuren bewertet werden.

TIPP

Die weit verbreitete „Krankheit“ der „Aufschieberitis“ ist gerade bei der Prüfungsvorbereitung oft fatal und führt schnell zu unnötiger Panik und Hysterie. Begegnen Sie dem einfach dadurch, dass Sie frühzeitiger mit der Vorbereitung beginnen und dass Sie zeitliche Puffer einbauen.

Nach welchen Gesichtspunkten wird eine Deutscharbeit gewöhnlich bewertet?

REGEL

Auch wenn die Bewertungsmaßstäbe im Fach Deutsch nicht so eindeutig sind wie zum Beispiel in Mathematik oder in Englisch, sind die Kriterien doch ziemlich vereinheitlicht. Der einzelne Lehrer hat allerdings im Deutschen einen gewissen Ermessensspielraum, und es ist nicht immer leicht, die Endnote voll und ganz nachzuvollziehen. Um dies zu erleichtern, sollten Sie einmal Ihre eigenen Arbeiten nach folgenden Fragen selbstkritisch analysieren:

- Wie ist der äußere Eindruck, wie ist das Schriftbild Ihrer Arbeiten?
- Wie ist die Lesbarkeit Ihrer Arbeiten? Kann man alles problemlos lesen oder braucht man an einigen Stellen eine Lupe oder einen Handschriftendeuter?
- Wie hoch ist die Zahl der Rechtschreibfehler? Ist sie vielleicht zu hoch? Sind es mehr als vier bis fünf Orthographiefehler pro Seite?
- Wie viele Zeichensetzungsfehler machen Sie auf einer Seite?
- Schreiben Sie durchgängig grammatikalisch korrekt?
- Wie ist Ihre sprachliche Kompetenz? Wie gut ist Ihre Ausdrucksfähigkeit? Drücken Sie sich präzise und differenziert aus?
- Machen Sie Satzbaufehler?
- Wie gut und strukturiert ist der Aufbau Ihrer Arbeiten?
- Haben Sie das Thema insgesamt angemessen bearbeitet?
- Sind Sie wirklich auf alle Teilaufgabenstellungen eingegangen?
- Wie gut ist Ihre Einleitung? Führt sie direkt ins Thema hinein? Enthält sie die wichtigen Angaben, die in den Basissatz gehören? Ist Ihre Einleitung vielleicht sogar originell/geistreich?
- Wie gelingt Ihnen die Gestaltung von Übergängen?
- Enthält Ihre Inhaltsgabe alle wichtigen Gedanken des Textes knapp, präzise und in eigenen Worten? Oder übernehmen Sie vielleicht vieles wörtlich?
- Sind Ihre Argumente schlüssig/originell/nachvollziehbar?
- Ist Ihre Gedankenentwicklung in sich stimmig?
- Haben Sie auch Gegenargumente berücksichtigt?
- Ist Ihre Analyse fundiert und differenziert?
- Haben Sie Ihre Aussagen gut begründet und gegebenenfalls am Text belegt und richtig zitiert?
- Gelingt es Ihnen, am Schluss Ihre Aussagen differenziert zusammenzufassen? Beziehen Sie vielleicht sogar den Schluss auf die Einleitung?

In der Regel wird die Bewertung auf die folgenden drei Schlüsselbereiche konzentriert:

1. die formale Korrektheit der Arbeit (Rechtschreibung, Zeichensetzung und Grammatik);
2. die sprachliche Kompetenz (Ausdruck, Stil und Satzbau);
3. Inhalt und thematische Angemessenheit der Arbeit.

Der Faktor Zeit

Der Erfolg einer Klausur hängt nicht zuletzt davon ab, wie gut das eigene Zeitmanagement ist. Vermutlich haben Sie selbst schon die unangenehme Erfahrung gemacht, wie es ist, wenn man nicht rechtzeitig fertig wird und die Klausur nicht zu Ende bringen kann. Auf der anderen Seite ist es auch nicht viel besser, wenn Sie zu früh abgeben und die zur Verfügung stehende Zeit nicht voll ausnutzen.
Deshalb ist es wichtig, dass Sie sich die Zeit gut einteilen, damit Sie die Klausur auch wirklich meistern. Nachfolgend finden Sie eine Zeiteinteilung, die sich in der Praxis immer wieder bewährt hat.

TIPP

Hinweise für die Einteilung der Zeit und der eigenen Kräfte bei einer Deutschklausur:

- Bis zu einem Drittel der Gesamtzeit sollten Sie zur Vorbereitung der Klausur verwenden, also für die ersten Arbeitsschritte von der Erschließung des Themas bis zum Vorschreiben der Einleitung.
- Sobald Sie die Klausur gründlich vorbereitet haben, beginnen Sie mit dem Schreiben. Hierfür sollten Sie etwas mehr als die Hälfte der Gesamtzeit einplanen.
- Die verbleibende Zeit reservieren Sie für die Korrekturdurchgänge, für Pausen und als Zeitpuffer.
- Machen Sie ruhig auch einmal Pause! 5–10 Minuten sind bei mehrstündigen Prüfungen sinnvoll, am besten nach etwa 100 Minuten.
- Vergessen Sie nicht, zwischendurch einmal etwas zu essen und vor allem zu trinken. Besonders sinnvoll sind vitaminhaltige Lebensmittel (Obst und Gemüse, z. B. ein Apfel oder eine Möhre) und süße Sachen (Banane, Schokolade, Müsliriegel, Traubenzucker), die sofort ins Blut gehen – und noch dazu gut schmecken.
- Bewegung tut auch während einer langen Klausur gut! Gehen Sie deshalb ruhig einmal mehr zur Toilette – und wenn Sie gerade einen Durchhänger haben, dann rennen Sie, was das Zeug hält, das kann „auf die Sprünge" helfen.

Lösungen

Zur Bewertung der Tests:

- Falls nicht in der Lösung anders angegeben, vergeben Sie pro Teilaufgabe einen Punkt – bzw. ziehen Sie pro Fehler einen Punkt ab.
  Sind Beispiellösungen angegeben, so bewerten Sie sich selbstkritisch.
- Seien Sie vor allem beim Einstiegstest streng in der Bewertung:
  Er soll schließlich Aufschluss darüber geben, wo sinnvollerweise bevorzugt geübt werden soll.

Einstufungstest, Seite 7–9

1 a) Dass das „dass“, das das „daß“ ersetzt hat, zur verbindlichen Norm geworden ist, missfällt mir.
b) Das war ein Problem, das ich nicht adäquat lösen konnte.
c) Das Studieren von Fachliteratur und das tägliche Lesen einer Tageszeitung sollte von jedem erwartet werden.
d) Eine Bewerbung im Internet muss für den einzelnen über kurz oder lang zur schieren Selbstverständlichkeit werden.
e) Philosophie und Philologie sind nicht dasselbe.

2 „Wenn die Haifische Menschen wären?“, fragte Herrn Keuner die kleine Tochter seiner Wirtin. „Wären sie dann netter zu den kleinen Fischen?“ „Sicher!“, sagte er, „wenn die Haifische Menschen wären, würden sie im Meer gewaltige Kästen bauen lassen. Mit allerhand Nahrung drin, sowohl Pflanzen als auch Tierzeug. Sie würden sorgen, daß die Kästen immer frisches Wasser hätten, und sie würden überhaupt allerhand sanitäre Maßnahmen treffen, damit sie den Haifischen nicht wegstürben vor der Zeit, damit die Fischlein nicht trübsinnig würden, gäbe es ab und zu große Wasserfeste, denn lustige Fischlein schmecken besser als trübsinnige. Es gäbe natürlich auch Schulen in den großen Kästen. In diesen Schulen würden die Fischlein lernen, wie man in den Rachen der Haifische schwimmt. ...“
(Ziehen Sie einen Punkt für jeden Fehler ab.)

3 a) 3. Pers. Sing. Perf. Indikativ Aktiv
b) 1. Pers. Pl. Fut. II Indikativ Aktiv
c) 3. Pers. Sing. Präs. Indikativ Passiv
d) 2. Pers. Sing. Präs. Aktiv Konj. II
e) 3. Pers. Sing. Imperf. Indikativ Passiv
f) 3. Pers. Sing. Präs. Aktiv Konj. I

4 a) Sie schenkten ihr vor kurzer Zeit Turnschuhe: Subjekt – Präd. – Präpositionalobjekt im Dativ – Adverb. der Zeit – Akkusativobjekt
b) Der Fußballer des Aufsteigers wurde von seinen Managern genau unter die Lupe genommen: Subjekt – Gen. Attribut – Präd. – präp. Dativobjekt – Adverb. der Art und Weise – Adverb. der Art und Weise – Präd.
c) Der tosende Sturm machte uns Angst: Subjekt (+ Adjektiv-Attribut) – Prädikat – Dativobjekt – Akkusativobjekt
d) Das hättest du aus Pflichtgefühl tun sollen! Akkusativobjekt – Präd. – Subjekt – Adverb. des Grundes – Präd. + Präd.

5

Böll	Heinrich	Nachkriegsliteratur
Heine	Heinrich	Junges Deutschland
Lessing	Gotthold Ephraim	Aufklärung
Der junge Schiller	Friedrich	Sturm und Drang
Fontane	Theodor	Realismus

6 Einleitung, Hauptteil und Schluss

7 Die Intention, also die Absicht des Autors ist der Schlüssel für die Textanalyse, weil sich von da der Inhalt ebenso erschließen lässt wie die sprachliche Form.

8 Die Pro-und-Kontra-Erörterung wird auch als dialektische Erörterung bezeichnet. Unter linearer Erörterung (auch: „steigende Erörterung“) versteht man die Begründung eines Standpunkts, ohne dass Gegenargumente berücksichtigt werden müssen.

9 Die abschließende Stellungnahme darf und soll persönlich sein. Sie sollte aber nicht im Widerspruch zu der vorausgegangenen Erörterung stehen, sondern differenziert und ausgewogen sein..

10 Autor, Textsorte, Titel, Thema, Hauptpersonen, Ort und Zeit

11 Nach der Erschließung des Themas beginnen Sie mit der genauen Erarbeitung des Textes, den Sie mehrmals genau lesen sollten, und mit der Stichwortsammlung. Danach ordnen Sie Ihre Stichworte in einer Gliederung und schreiben die Einleitung vor. Anschließend beginnen Sie mit der Niederschrift Ihrer Arbeit

12 Die Inhaltswiedergabe ist die Basis gerade auch für die Interpretation literarischer Texte wichig, da dadurch sichergestellt wird, dass Sie den Text auch wirklich verstanden haben. Dadurch, dass der Ausgangstext auf das Wesentliche konzentriert werden muss, wird das Thema besonders deutlich.

13 Unter einer Interpretation eines Textes versteht man dessen Deutung und Erläuterung. Dies gelingt am besten durch die Erschließung von Form und Inhalt und nach Möglichkeit. durch die Einbeziehung von Hintergrundwissen über den Autor und über das Thema.

14 Am besten überfliegt man zunächst einmal alle Texte, um zu erkennen, wo besonders viel zu der gestellten Frage, hier also über „Hate speech" zu finden ist. Danach heben Sie diese Stellen zunächst mit einem Textmarker hervor und schreiben sich anschließend alles heraus, was für das Thema wichtig ist. Diese Inhalte werden dann strukturiert. Dabei kann eine Visualisierung in Form einer Mindmap hilfreich sein. (= Ergänzung) Auf der Grundlage und unter Verwendung dieser Textstellen können Sie dann Ihre eigene Antwort verfassen.

Rechtschreibung und Zeichensetzung, Seite 10–20

1 **Bewerben im Internet**
Immer mehr Zusatzqualifikationen und (mehr) Fachwissen werden auf der Suche nach Arbeit von Bewerbern gefordert. Der Gang zum Arbeitsamt und das Studieren der Tageszeitung reichen oft nicht mehr aus. Das Bewerben im Internet spart nicht nur (viel) Zeit und (viel) Geld, sondern beweist auch (die/gute) Kenntnis des Bewerbers in Sachen Internet. Am besten sucht man auch in (den) Jobbörsen nach passenden Angeboten. Zu den Jobbörsen führen (die/einige) Suchmaschinen, zum Beispiel www.google.de. Viele Jobs und (viele) Ausbildungsstellen werden auch von den meisten Tageszeitungen im Internet angeboten. Hat man eine Stelle gefunden, nimmt der Bewerber den ersten Kontakt zu dem Unternehmen auf, am besten über (eine) E-Mail oder (über das) Telefon. Die Kontaktaufnahme sollte, wie die schriftliche Bewerbung auch, gut strukturiert, ein realistisches Bild der persönlichen Fähigkeiten und kein Griff nach den Sternen sein, sondern kurz und sachlich auf den Punkt kommen. Trotz aller guten Tipps gilt jedoch für das Bewerben im Internet die Devise „Learning by doing". Je mehr jeder Bewerber ausprobiert, desto höher steigt seine Chance auf eine positive Antwort.

2 barfuß, der Rasen, leise, rasten, konfus, der Applaus, der Kies, gießen, der Atlas, außerdem, der Grieß, der Kürbis, er stieß, das Gefäß, der Hinweis, husten, der Erlös, weiß, der Schmaus, das Haus, das Rhinozeros, rosten, sie sauste, das Wesen, fleißig, kosten, das Geheimnis, genießen, das Gefäß, der Beweis, der Hase, der bloße Fuß, er blies, der Gruß, das Verlies, das Maß, der Globus, leisten, der Bus, er stieß, der Riese, die Finsternis, die Soße, das Zeugnis, der Fleiß, die Ananas, draußen, die süße Kokosmakrone, der Stoß, die Vase, die Fastenzeit, sie heißt, der Krokus, ungestört, das Versäumnis, tausend, die Fruchthülse, der Spieß, meistens, die Insel, die große Last, der Mist, die Masern, basteln, die Wiesen, das Gemüse, eine riesige Nase, hasten

3 a) fließen, er floss, geflossen, flüssig, Fluss, fließend, Fließpapier, Fließband
b) heißen, er hieß, geheißen
c) beißen, sie biss, gebissen, Biss, Bissen, bisschen
d) schließen, er schloss, geschlossen, Schließfach, Schließmuskel, Verschluss
e) stoßen, er stößt, Anstoß, Stoßdämpfer, stoßsicher, stoßweise

4 a) Martin freute sich furchtbar, dass es endlich schneite.
b) Er dachte kaum darüber nach, dass der plötzliche Wetterumschwung den Autofahrern ziemliche Probleme bereitete.
c) Das sichere Fahren im Auto, das bei diesem Schneefall ein hohes Risiko war, war ohne Winterreifen unmöglich.
d) Dennoch saß Martin am Fenster und amüsierte sich, dass viele Verkehrsteilnehmer wie auf einer Skipiste schlitterten.

e) Er lachte darüber, dass eine Frau auf ihren glatten Sohlen ausrutschte und hinfiel.
f) Einige Hunde sprangen durch das Schneetreiben, das immer dichter wurde.

5 Das war ein Abenteuer, das ich nicht vergessen werde: Das Tropengewitter, das zwei Stunden angedauert hat, ist endlich vorbei. Es ist klar, dass wir unseren Weg durch den Urwald nun fortsetzen können. Die Luft ist zum Schneiden dick. Das war aber vorauszusehen. Schwer fällt uns das Atmen, das uns zu Hause keine Probleme bereitet. Immer wieder müssen wir anhalten, das verzögert das Vorankommen. Undurchdringlich erscheint das Unterholz, das uns mit armdicken Schlingpflanzen und meterdicken Baumstämmen den Weg versperrt. Das Freischlagen des Pfades mit Haumessern gestaltet sich schwierig. Deutlich zu spüren ist, dass die Beine anschwellen und schwer werden. Das ist eine ganz schöne Tortur. Wir schleppen uns so mühsam weiter, dass der Atem immer schneller geht. Kein Sonnenstrahl dringt durch das Blätterdach, das die Bäume bilden. Am Abend rasten wir an einem verlassenen Dorf, das halb verfallen ist. Das entfachte Feuer tut so gut, dass die Strapazen weniger schlimm erscheinen. Ich weiß, dass ich todmüde bin, doch der Urwald hält mich wach – das ist noch viel anstrengender, wenn man eigentlich schlafen möchte. Ringsum spielt der tropische Regenwald das Nachtkonzert, das tausend Tiere kreischen und pfeifen. Ich muss feststellen, dass das nächtliche Höllenspektakel einen nicht zur Ruhe kommen lässt, obwohl es am Tag wieder ganz still ist. Das ist kein Urlaub, das ist Abenteuer pur.

6 riesig großen (aber: riesengroß), ernst nehmen, nasskalt, schwerfallen, krankzumelden, schiefgegangen, gutzumachen, winzig kleinen, kleingeschrieben, zusammengeschrieben, totzuschlagen, vollenden, fertigstellen (fertig stellen), blaugrauen, schiefgehen, kommst du voran, taubstumm, toternst, übel nehmen/übelnehmen, kleinlaut, zusammen machen,

7 hochklettern, liegen lassen/liegenlassen, Rad fahren, Computer spielen, lästig finden, Zeit verlieren, Maß halten/maßhalten, schwarzärgern, stecken bleiben/steckenbleiben, Lust haben, ruhig bleiben, bange sein, schlafwandeln, übrigbleiben, wachrütteln, grünärgern, dunkelrot, auseinandergehen, schlussfolgern, brustschwimmen, rückwärtsfahren, dichtgedrängt, durcheinanderreden, tief erschüttern, taub stellen, steinreich, spazieren gehen

8 Mein Freund ist manchmal so engstirnig, dass man keineswegs mit ihm reden kann. Mitunter ist mir sein Verhalten dann ein wenig zu großspurig. Infolgedessen wirkt er zeitweilig auch wie weggetreten. Auf bestimmte Vorfälle reagiert er irgendwann nur noch kaltschnäuzig. Das kann man ihm dann richtig übel nehmen (auch: übelnehmen), zum Beispiel wenn er beim Fernsehen nicht durch die Kanäle zappen darf. Dann guckt er richtig sauertöpfisch. Auch bei einer Familienfeier kriegt er meist irgendwann einen Koller. Statt sitzen zu bleiben, wenn alle miteinander reden, steht er zumeist auf, um abzuhauen. Aber wenn es wirklich darauf ankommt, wenn ich mich richtig auf ihn verlassen muss, dann schaut er meistens gutmütig drein und steht hinter mir. Deshalb mach ich mir gar keine Sorgen.

9 circa; zirka; etwa, ungefähr, lateinisch
Shrimps; Schrimps; Krabbenart, italienisch
Mayonnaise; Majonäse; kalte, gewürzte Sauce aus Eiern und Öl, französisch

10 Fotografie – Photographie – ~~Fotographie~~ – ~~Photografie~~
~~Strofe~~ – Strophe – ~~Strohfe~~ – ~~Strohphe~~
~~Diftong~~ – Diphthong – ~~Difthong~~ – ~~Diphtong~~
~~Filosophie~~ – ~~Vielosophie~~ – Philosophie – ~~Philosofie~~
~~Mehgaphon~~ – Megaphon – Megafon – ~~Megahfon~~

11 Philosoph, Panther, Myrrhe, Rhythmus, Rheuma; Lösungswort: super

12 [Massenmedien sind allgemein dadurch gekennzeichnet], [dass sie sich an eine Masse richten]. [Dies ist ein Publikum], [das nach Alter, Bildungsstand und Anzahl unbestimmt zusammengesetzt ist] [und nicht an einem Ort versammelt ist.] [Die herkömmlichen Massenmedien sind für jedermann zugänglich], [wirken nur in eine Richtung] [und machen eine direkte Kommunikation nicht möglich.] [Sie können also nur auf indirektem Wege zur Wirkung kommen], [nämlich durch technische Hilfsmittel wie Rotationsdruck, Funkwellen, Sende- und Empfangsgeräte]. [Massenmedien kann man also als Transportmittel der indirekten Kommunikation bezeichnen], [die im Leben vieler Menschen einen größeren Raum einnimmt, als die direkte Kommunikation.] [Diese direkte Form findet in der Familie, mit Freunden und Bekannten oder mit Kollegen am Arbeitsplatz statt]. [Wenn wir mit Fremden über Politik, über Sportereignisse, über den neuesten Film reden], [merken wir], [dass fast alle ihr Wissen, oft auch ihre Meinung, aus den Medien beziehen.]

Zwischentest, Seite 20

1 Reisen bildet – Sprachkurse im Ausland helfen oft auch für den Beruf

Am Strand liegen und Vokabeln pauken ~~lästigfinden~~/lästig finden? Im Gegenteil!
Für viele ~~deutsche~~/Deutsche ist das eine reizvolle/~~Reiz volle~~ Urlaubskombination. Mehr als 150 000 Deutsche buchen jedes Jahr einen Sprachkurs im Ausland und ~~wieder holen~~/wiederholen diese Reisen sogar mehrfach. „Der Trend ist seit Jahren ungebremst. Der Anteil Erwachsener hat den jugendlicher/~~Jugendlicher~~ Sprachreisender weit überflügelt", weiß/~~weis~~ Claus Kunze vom Fachverband Deutscher/~~deutscher~~ Sprachreiseveranstalter (FDSV) in Berlin ~~zuberichten~~/zu berichten. Früher habe dabei das Interesse an der Kultur im Vordergrund gestanden, stattdessen/~~statt dessen~~ seien es heute/~~Heute~~ vorwiegend berufliche Gründe. „Immer mehr ~~selbstbewuste~~/selbstbewusste/~~selbst bewusste~~ Erwachsene entdecken Sprachreisen ~~seit dem~~/seitdem ~~zu aller erst~~/zuallererst auch als Single-Urlaub", ergänzt Monika Düngemann, Produktmanagerin für Sprachreisen in München. „Allein in Deutschland gibt es rund sechzig Anbieter", schätzt Kunze. Nicht alle sind seriös, das/~~dass~~ hat er mittlerweile/~~mittler Weile~~ ~~heraus gefunden~~/herausgefunden. Die 21 im FDSV organisierten Veranstalter würden dagegen regelmäßig/~~regelmeßig~~/~~regelmässig~~ Standards wie Lehrerqualität, Ausstattung und Unterbringung kontrollieren lassen/~~kontrollierenlassen~~. Ratschläge gibt auch die Aktion Bildungsinformation (ABI) in Stuttgart, die den Sprachreisemarkt unter die Lupe nimmt und vor „schwarzen/~~Schwarzen~~ Schafen" warnt.

2 Beide Pole der Erde erreicht

Warschau. Janek Mela, ein einbeiniger polnischer Schüler, hat am Silvestertag nach einem gewaltigen Fußmarsch den Südpol erreicht. „Es ist unglaublich, wie er als behinderter Junge die Kälte bezwungen hat", kommentiert sein Vater stolz diese Leistung. Für den 16-Jährigen war es der zweite Triumph in wenigen Monaten. Erst im April sei er zum Nordpol gewandert, berichtet Vater Jurek, der den Tatendrang seines Jungen kaum fassen kann. „Mit einem künstlichen Bein hat er sich auf beiden Touren durch die Schnee- und Eismassen gekämpft. Wir haben richtig gut zusammengearbeitet, aber auch zusammen gelitten", berichtet der erfahrene polnische Abenteurer Marek Kaminski, der den Jugendlichen begleitet und unterstützt hat. Mela, der vor zwei Jahren bei einem Unfall einen Arm und ein Bein verlor, wurde damit zum jüngsten Menschen, der innerhalb eines Kalenderjahres Nord- und Südpol erreichte. Das mache ihn zu einem ganz besonderen Menschen, der sich von anderen abhebe, so der Vater.

Sprache und Grammatik, Seite 21 – 30

1 a) Nee, sowatt abba auch! Datt glaubse nich! Da hatt doch die Gerda 'n Krösken mitten Nachbarn. (Dialekt: Ruhrdeutsch)
b) Also ehrlich, da bin ich gestern wieder nach Sparkauf gegangen, um Angebote zu kaufen, weil die sind ja wirklich immer billig. Da steht da doch so ne Riesenschlange vor. (Umgangssprache)
c) Wer schon als Kleinkind vom Fernseher verwöhnt und ruhig gestellt wurde, der schweigt offenbar auch, wenn er älter ist. (Standardsprache)
d) Das ist ne richtige Bitch. (Jugendsprache)
e) Bei der Ausführung des Eckstoßes darf die Eckfahne nicht entfernt oder verändert werden. (Fachsprache: Fußball)

2 a) Subjekt – Prädikat – Dativobjekt – adverbiale Bestimmung der Zeit – Akkusativobjekt.
b) Dativobjekt – Prädikat – Subjekt – Präpositionalobjekt– adverbiale Bestimmung
c) Subjekt – Prädikat – adverbiale Bestimmung der Zeit – Akkusativobjekt – Präpositionalobjekt
d) Subjekt – Prädikat – adverbiale Bestimmung des Ortes
e) Subjekt – Prädikat – Akkusativobjekt – Dativobjekt

3 a) 3. Pers. Sing. Präsens Indikativ Aktiv
b) 3. Pers. Pl. Futur II Indikativ Aktiv

c) 3. Pers. Sing. Plusquamperfekt Indikativ Passiv
d) 2. Pers. Pl. Konjunktiv II der Vergangenheit Aktiv
e) 3. Pers. Sing. Präsens Indikativ Passiv
f) 3. Pers. Sing. Plusquamperfekt Indikativ Aktiv; 3. Pers. Sing. Perfekt Konjunktiv I Aktiv

4 Greta ging völlig in Gedanken die Straße entlang. Die Menschen, die rechts und links an ihr vorbeieilten, sah sie nicht. Zu sehr beschäftigte sie das gestrige Gespräch mit Jan. Was hatte er da zu ihr gesagt? „Du bist wirklich ein toller Kumpel!" Kumpel! Pah! Das wollte sie nun wirklich nicht für ihn sein! „Wie werde ich von nun an mit ihm umgehen?", ging es ihr durch den Kopf. Automatisch stoppte sie vor einer Ampel. Ohne aufzusehen überquerte sie die Straße. Da sah sie das Auto auf sich zukommen. Vor lauter Schreck konnte sie sich nicht rühren. Im letzten Moment spürte sie einen Arm, der sie von der Straße riss.

5 Christoph sagte, er habe darüber nachgedacht, für welche Zwecke der Erlös des Schulfestes gespendet werden könne. Er schlüge vor, das Geld der hiesigen Tafel zu geben. Dort bekämen Menschen täglich ein warmes Essen, die es sich selbst nicht mehr leisten können. Er fragte, ob es nicht schlimm sei, dass mittlerweile hier bei uns solch eine Armut herrsche. Auch einige Schüler unserer Schule seien bereits auf Hilfe angewiesen. Christoph halte es für sehr sinnvoll, wenn die Einnahmen dahin flössen. Auch Freiwillige, die die gespendeten Lebensmittel von den Läden abholten, würden immer gebraucht. Er sagte, wir sollten seinen Vorschlag in den Klassen vorstellen.

6 a) Es handelt sich um einen sehr einfachen, durch seine klare parataktische Struktur leicht verständlichen Text. Er wirkt schon beim ersten Lesen/Hören eindringlich und kann eigene Gedanken anstoßen.
b) Die hypotaktische Satzkonstruktion spiegelt die Aufgeregtheit der Situation wider. Der Leser muss herausfinden, wer was tut:
der Schlossvogt ...
die Hunde ...
der Fremde ...
der Rosskamm ...
die Ritter ....
Das erschwert ein schnelles Überfliegen des Textes, man muss sich auf eine etwas anstrengende Lektüre einstellen.

7 a) Weil die Halle geschlossen wurde, ...
b) Obwohl Sonderbestimmungen hinzugefügt worden waren, ...
c) Bevor der Antrag genehmigt wurde, ...
d) Wenn ein Beschluss gefasst wird, sollte man berücksichtigen, wie hoch die Beteiligten belastet werden.

Es sind natürlich auch andere Lösungen möglich; wichtig ist, dass nicht gehäuft „-ung-Wörter" verwendet werden

8 mögliche Bedeutungen:
a) Alex: „Herr Meier ist doch wirklich das Letzte!"
Selbstmitteilung: Ich bin enttäuscht über meine Note.
Appell: Stimmt mir alle zu!
Sachinhalt: Note 5 in der Mathearbeit
Beziehung: Ich bin wütend über die Benotung des Lehrers
b) Mutter: „Da hilft nur Üben!"
Selbstmitteilung: Ich bin enttäuscht über die Note.
Appell: Übe mehr!
Sachinhalt: Du hast eine schlechte Note geschrieben, weil du zu wenig geübt hast.
Beziehung: Ich mache mir Sorgen um dich.

9 Vater: **Sachinhalt:** Ich gehe jetzt spazieren. Tochter hört **Appell:** Komm doch mit spazieren/**Selbstmitteilung:** Ich habe keine Lust. Herr Müller: **Sachinhalt:** Da kommt ein Radfahrer. Frau Müller hört **Beziehung:** Ich halte dich für eine schlechte Autofahrerin.

Zwischentest, Seite 29–30

1

Bindewort	**Konjunktion**
Möglichkeitsform	Konjunktiv
Zukunft	Futur
Hauptwort	**Nomen**
Eigenschaftswort	Adjektiv
Fürwort	**Pronomen**
Satzreihung	Parataxe
Verhältniswort	Präposition

2 Der amerikanische Präsident Kennedy betonte in seiner Rede, er spreche deshalb vom Frieden, weil der Krieg ein neues Gesicht bekommen habe. Ein totaler Krieg sei sinnlos, da die Großmächte Atomstreitkräfte unterhalten könnten und sich weigerten, zu kapitulieren, ohne vorher auf diese Streitkräfte zurückgegriffen zu haben. Er sehe Frieden als zwangsläufig vernünftiges Ziel vernünftiger Menschen. Er sei sich aber bewusst, dass die Worte desjenigen, der nach Frieden strebe, oft auf taube Ohren träfen.

3
- Täglich fährt ein Kontrolleur → temporales Adverbiale betont: Es geschieht jeden Tag.
- Im ICE fährt täglich → lokales Adverbiale betont: Es geschieht in einem besonderen Zug.
- Von Frankfurt nach Köln fährt täglich → lokales Adverbiale betont: Strecke

4 Es handelt sich um einen ausgeprägten Nominalstil mit vielen -ung-Substantiven: Verschmutzung, Nutzung, Schließung, Erwägung. Der Text wirkt dadurch sehr amtlich und bürokratisch.
Umformulierung:
Thema der Gemeinderatssitzung waren die öffentlichen Toiletten. Weil sie ständig verschmutzt sind, erwägt der Gemeinderat, sie zu schließen.

5 a) Die Ausgangssituation wird sehr einfach, parataktisch aneinandergereiht geschildert. Die dramatische Entwicklung wird in einem Satzgefüge mitgeteilt.
b) Der Text besteht nur aus Hauptsätzen, ist dadurch sehr leicht verständlich; er will ja eine Lehre vermitteln (Fabel!).
c) Der Stil entspricht der beschriebenen „Gesellschaft": Er ist etwas gehoben, alles ist geregelt, Nebensätze klären die Zusammenhänge (als, die, nachdem, indem).

6 Hochsprache, Umgangs- und Alltagssprache, Dialekte, Szenesprachen (auch: Jargon, Slang), Fachsprachen; Überprüfen Sie Ihre Erläuterungen anhand von Seite 21.

7 Antlitz, Gesicht
Gattin, Ehefrau, Frau/Weib
Bekleidung, Kleider
Lehranstalt, Schule
Prügeln, schlagen, zuhauen
entgegennehmen, bekommen, kriegen
betrachten, zusehen, glotzen
sich bemühen, sich anstrengen, rackern/malochen
sprechen, reden, quatschen
entschlafen, sterben

8 Jede sprachliche Mitteilung enthält einen Sach- und einen Beziehungsaspekt sowie – oft versteckt – eine Selbstmitteilung und einen Appell. Missverständnisse entstehen leicht, wenn der Empfänger einen anderen Aspekt aus der Botschaft heraushört, als der Sender gemeint hat.

Literatur, Seite 31–51

Zwischentest, Seite 51

1 a) Nachkriegsliteratur
b) Romantik
c) „Junges Deutschland"
d) „Sturm und Drang"; Weimarer Klassik
e) Realismus
f) Weimarer Republik; Exilliteratur
g) Aufklärung
h) Expressionismus

2 Das „Junge Deutschland" vertrat eine gesellschaftskritische Linie und erhoffte sich eine Revolution gegen die Restauration. Diese Richtung war sehr diesseitig ausgerichtet und hatte wie die „Neue Sachlichkeit" der 1920er-Jahre wenig Sinn für Kunst um ihrer selbst willen. Beide Bewegungen waren für eine klare, deutliche Sprache und gegen eine konservativ-spießbürgerliche Lebenshaltung.

3 Brechts Gedicht gehört eindeutig zur Exilliteratur. Dies macht nicht nur das Entstehungsjahr 1939 deutlich (Beginn des Zweiten Weltkriegs), sondern auch der Inhalt des Gedichts, in dem von den „finsteren Zeiten", von nicht näher genannten „Verbrechen" und „Untaten" die Rede ist. „Furchtbare Nachrichten" sind in dieser Zeit anscheinend so sehr an der Tagesordnung, dass Lachen und Lyrik sich deshalb eigentlich verbieten würden. Alles dies deutet auf die Schreckenszeit des Dritten Reiches hin, in der die meisten großen deutschen Schriftsteller ins Exil gegangen waren.

Die Textanalyse, Seite 52–63

1 a) Der vorliegende Artikel aus der Süddeutschen Zeitung vom 10. März 2010 macht darauf aufmerksam, dass das Finanzministerium Schulessen höher besteuern wolle, während der Verzehr von Snacks, wie sie an Imbissständen verkauft werden, weiterhin mit dem niedrigeren Steuersatz berechnet werde.

b) Die zentrale Fragestellung des Artikels lautet, ob es nachvollziehbar und gerecht sei, dass Fastfood niedriger besteuert werde als das Essen in einer Schulmensa.

c) Der Text ist überwiegend sachlich in Berichtsform geschrieben und verzichtet weitgehend auf Polemik. Formulierungen wie „die Beamten ... haben wohl schon geahnt" und „sie haben sich ... um Beispiele bemüht" machen allerdings deutlich, dass der Autor die Handlungsweise des Finanzministeriums nicht billigt. Auch die nachfolgende Argumentation macht dies deutlich, da die Begründungen der Finanzbeamten konstruiert erscheinen und nicht einleuchten.

d) Der Autor möchte verdeutlichen, dass die unterschiedliche Besteuerung von Imbissprodukten und Schulessen nicht nachvollziehbar sei. Durch den beifällig zitierten Hinweis des Tübinger Oberbürgermeisters (s. letzter Absatz) zieht er auch weitere Teile des Steuerkonzepts der Bundesregierung infrage.

2 individuelle Lösung

3 a) Enzensberger vertritt in dem vorliegenden Essay, der 1997 erschienen ist, die These, dass in Zukunft „Luxus" neu definiert werden muss, weil vieles von dem, was früher nur wenige Menschen besessen haben, inzwischen längst zum Massengut geworden ist.

b) Enzensbergers Kernaussage ist, dass sich zukünftig nur noch wenige Menschen elementare Lebensbedürfnisse wie Ruhe, saubere Luft und die Konzentration auf das Wesentliche wirklich leisten können.
Er begründet seine These mit Beispielen aus verschiedenen Lebensbereichen und weist damit darauf hin, dass schon heute viele Menschen keine Zeit mehr haben, einer pausenlosen Informationsüberflutung ausgesetzt sind und ein Übermaß an Konsumgütern zur Verfügung haben.

c) Die Absicht Enzensbergers dürfte darin bestehen, auf bedenkliche Konsequenzen unserer modernen Lebensweise und der heutigen Wohlstandsgesellschaft hinzuweisen. Der Schriftsteller will damit wohl auch erreichen, dass die Leser ihren eigenen Lebensstil kritisch überprüfen und dass sie sich wieder mehr auf das Wesentliche konzentrieren.

4 a) Anlässlich der Einweihung eines Gedenksteins in dem früheren Konzentrationslager Bergen-Belsen hält der erste deutsche Bundespräsident 1952 eine Ansprache, in der er sich der Verantwortung stellt, die sich aus der furchtbaren Vergangenheit des Dritten Reiches ergibt. Als Ursache für die grauenvollen Verbrechen in den nationalsozialistischen Vernichtungslagern sieht Heuss die verhängnisvolle „Halbbildung" der meisten Menschen in der NS-Zeit, die primitive biologistische Ideologie der damaligen Zeit und das Fehlen von moralischen Maßstäben. Er macht weiter darauf aufmerksam, dass sehr viele Zeitgenossen von den Verbrechen eigentlich gewusst haben. Gerade deshalb sei es so wichtig, sich mit dieser Vergangenheit auseinander zu setzen.

b) Die Rede macht heute noch betroffen. Auch und besonders damals wird die Ansprache viele Menschen nachdenklich gemacht haben. Der Appell des sehr angesehenen ersten Bundespräsidenten, auch die eigene Vergangenheit mit einzubeziehen, dürfte allerdings bei machen Zuhörern eher auf Ablehnung gestoßen sein.

c) Die Sprache von Heuss ist eindringlich. Sie weckt Gefühle des Abscheus und weist differenziert auf tiefer liegende Ursachen der NS-Verbrechen hin. Der Stil der Ansprache ist staatsmännisch, ausgewogen und behutsam. Da der Bundespräsident gleich zu Beginn seine eigene Unsicherheit eingesteht, wirkt er bescheiden und sympathisch. Mehrere Hinweise machen deutlich, dass er sich als Vertreter der christlich-klassischen Bildung versteht. Sein vorsichtiges Formulieren bezieht gleichwohl den Zuhörer mit ein. So ist seine Rede zwar anspruchsvoll, aber doch gut verständlich.

5 individuelle Lösung

6 a) Lösungshilfe
Textanalyse:
Thema: Selbstdarstellung in sozialen Netzwerken
Zentrale These: Online verbreiten wir ein geschöntes Bild unserer selbst. Dieses beeinflusst die reale Persönlichkeit.
Inhaltswiedergabe und Darstellung der Argumentationsstruktur:

- Gegenüberstellung früher (Realität ist offensichtlich, Wunsch-Realität ist vertrauliches Gesprächsthema) vs. heute (Wunsch-Realität ist offensichtlich, abweichende Realität wird vertraulich offenbart).
- Beispiele von Realität, die von digitaler Selbstdarstellung abweicht
- Feststellung: alle verbreiten auf Facebook eine geschönte Version von sich
- Begründung: Suche nach Aufmerksamkeit ist knapp und wertvoll
- Folge: Banalitäten werden verbreitet, da das Online-Publikum nach Kurzweil strebt.
  → wir zeigen ein eindimensionales, geschöntes Bild unserer Person („Demoversion") und vermeiden alles was auf Ablehnung stoßen könnte: „Werbung statt Wahrheit"
- Schlussfolgerung: Die digitale Identität wirkt auf die reale Identität zurück

Sprachliche Mittel:
Z. 11, 14, 37, 56: Direkte Rede → szenische Wirkung → Authentizität
Z. 55: Rhetorische Frage → Leser zur Zustimmung bewegen
Z. 16, 25, 46: Umgangssprache → Herstellung von Nähe zum Leser (= Zielgruppe), zeigt Z. Z. 35, 44, 45: Begriffe aus der Netzwelt → betont Kenntnis der sozialen Medien
Intention: Unterhaltung und zum Nachdenken anregen

b) individuelle Lösung

Zwischentest, Seite 63

1 a) Der damalige Bundespräsident macht in seiner Rede klar, dass er durchaus nicht generell gegen Traditionen ist, auch wenn er weiter manche Gepflogenheiten und Zeremonien, die mit dem Amt des höchsten Repräsentanten des Staates verbunden sind, infrage stellt. Heinemann ist es dagegen sehr wichtig, an auch heute noch berechtigte Einsichten und Forderungen früherer Zeiten anzuknüpfen. Es geht ihm also um eine kritische Überprüfung von Traditionen. (5 P.)

b) Heinemann versteht unter Traditionen alle Überlieferungen aus der Vergangenheit, die sich in einer Gesellschaft erhalten haben. Dabei differenziert er zwischen der Traditionspflege von Äußerlichkeiten wie z. B. Zeremonien („rote Teppiche", Neujahrsempfänge) und dem eigentlichen kulturellen Erbe. Heinemann wehrt sich dagegen, dass konservative oder reaktionäre Gruppen die Tradition oft einseitig für sich vereinnahmen. Der Bundespräsident weist darauf hin, dass „bestimmte Vorgänge" der Vergangenheit, die er nicht weiter benennt, auch anders bewertet werden können. (5 P.)

2 In den Einleitungssatz einer Textwiedergabe gehört der Basissatz (mit mindestens den Angaben: Autor, Textsorte, Titel, Thema), in den Schluss eine Aussage über die vermutete Intention des Autors.

3 a) geistreiche Abhandlung
b) Absicht, Beweggründe des Autors
c) Eine Behauptung wird durch eine überprüfbare und belegbare Tatsachenaussage gestützt.
d) systematische Untersuchung eines Textes, vor allem hinsichtlich der sprachlichen Mittel und der Intention des Autors
e) Redekunst

4 Nachricht, Bericht, Reportage, Kommentar, Leitartikel. – In seriösen Zeitungen werden Berichte und Meinungsäußerungen deutlich und gut sichtbar voneinander getrennt. Möglichst werden sie optisch oder räumlich voneinander geschieden.

Die Erörterung pragmatischer Texte, Seite 66 bis 77

1 Lösungshilfe
1. Hauptaussagen:
- Zahlreiche Kinderbücher werden gerade auf politisch unkorrekte Begriffe (weil rassistisch, antisemitisch o.ä.) hin geprüft. Beispiele: Pippi Langstrumpf, Die kleine Hexe.
- Dieses Vorgehen entspricht einem gegenwärtigen Trend
- Frage: fühlen sich die entsprechenden Gruppen wirklich durch die fraglichen Begriffe (z.B. Eskimo, Hexe, Zigeuner, Araber, Negerkuss) diskriminiert?
- Feststellung: je genauer man die Begriffe und ihre Geschichte prüft, desto komplizierter wird es
  → Beispiel „Roma"
- Benachteiligung wird durch veränderte Bezeichnungen nicht aufgehoben
- Die „Euphemismus-Tretmühle" führt zu einer „Trottelsprache"

- Fazit: Minderheiten werden dadurch nicht geschützt, sondern sie werden als kränkungsempfindlich dargestellt, womit ihnen ausreichend Stolz und Selbstbewusstsein abgesprochen wird, um darüber zu stehen.

Intention:

- Verfasser will Leser davon überzeugen, dass das Umschreiben von Kinderbüchern im Sinne aktueller Vorstellungen von political correctness nicht sinnvoll ist.

2.

Contra:

- betroffene Gruppen fühlen sich ggf. gar nicht diskriminiert durch Begriffe wie „Mohrenkopf"
- bei genauer Prüfung wird die Suche nach unverfänglichen Synonymen kompliziert
- Benachteiligung wird durch Begriffswechsel nicht aufgehoben
- Verunstaltung der Sprache
- fraglich, ob betroffenen Minderheiten damit wirklich gedient ist
- veränderte Begriffe bekommen schnell ebenfalls eine pejorative (negative) Konnotation

Pro:

- Sensibilität für Sprache wird gefördert
- Sprache formt unser Denken
- Denken prägt unser Handeln
- Achtsamkeit gegenüber Minderheiten und deren Rechten

2 individuelle Lösung

3 Lösungshilfe

Gedankengang des Kommentars:

- Twitter sperrt Trumps Account dauerhaft
- Auch andere soziale Netzwerke (z.B. Facebook) sperren seinen Account
  → ein beispielloser Eingriff in die politische Debatte
- Bewertung dieses Vorgehens als opportunistischen PR-Coup
- Begründung: Trump ist ohnehin abgewählt → Einfluss verloren → Mehrheit befürwortet seinen Ausschluss

These:

Das eigentliche Problem ist das Geschäftsmodell von Facebook, da die Algorithmen ein Verhalten wie das von Trump fördern.

- Schlussfolgerung: Der Algorithmus von Facebook ist für politisch-gesellschaftliche Debatten ungeeignet.

Widerspruch:

- Facebook und Twitter unterstützten Trumps Aufstieg
- Grund: sie profitierten von der Aufmerksamkeit → Klicks → Einnahmen

Intention:

Will aufmerksam machen auf widersprüchliches, opportunistisches Verhalten der sozialen Netzwerke, womit sie gesellschaftlichen Schaden anrichten können.

Will zur Diskussion darüber anregen, welche Macht Tech-Konzerne haben dürfen.

4 Individuelle Lösung

Zwischentest, Seite 77

1 Textanalyse und Erörterungsteil (5 P.)

2 Faktenargument, Autoritätsargument, normatives Argument (5 P.)

3 **a)** sachlich, frei von persönlichen Meinungen (1 P.)

b) will den Leser überzeugen (1 P.)

4 Lösungshilfe

Pro:

- Hasskommentare nehmen zu und sind verletzend für den Adressaten
- Hassrede und Desinformation schaden der Gesellschaft
  → Plattformen dürfen Verbreitung schädlicher Inhalte nicht zulassen
- Plattformen-Betreiber sind verantwortlich und haben die beste Handhabe, problematische Inhalte zügig zu entfernen.

Contra:

- Löschen von Inhalten ist ein Eingriff in die politische Debatte
- es gilt Pressefreiheit
- es gilt das Recht auf freie Meinungsäußerung
- Zu viel Macht in Händen der Tech-Konzerne, wenn sie entscheiden dürfen, was gepostet werden darf und was zensiert wird. (5 P.)

Die eigene Position: individuelle Lösung (ohne Punktebewertung)

Die Erörterung literarischer Texte, Seite 79 bis 86

1 Lösungshilfe

Pro:

a) Kindheit:

- Coppelius' Reaktion führt zur Ohnmacht Nathanaels
- Bei der Arbeit mit Coppelius kommt Nathanaels Vater ums Leben

b) Studienzeit:

- Coppelius/Coppolas Auftauchen reaktiviert die verdrängten Kindheitserinnerungen
- Coppelius' Perspektiv (= Fernrohr) führt zum Verkennen der Puppe als Mensch
- Nathanaels Liebe zur Automatenpuppe Olimpia führt zur Entfremdung von Clara und von Studienfreunden
- Die Erkenntnis seines Irrtums (Zerstörung der Puppe Olimpia) führt zu Nathanaels Wahnsinn

c) nach der Genesung:

- Das Wiederauftauchen Coppelius' und dessen Prophezeiung veranlassen Nathanael zum Sprung in den Tod

Kontra:

a) Kindheit:

- Die Angst vor Coppelius war Folge eines missverstandenen Kindermärchens, Coppelius war unschuldig an den Vorkommnissen bei den alchemistischen Versuchen (Ohnmacht u. Tod des Vaters)

b) Studienzeit:

- Coppola und Coppelius sind nicht identisch
  → Coppelius hat mit dem Perspektiv (Fernglas) nichts zu tun
- Nathanaels Liebe zu Olimpia ist Ausdruck seines übersteigerten Subjektivismus und nicht von außen beeinflusst

Fazit:

Individuelle Lösung

2 Lösungshilfe

Pro:

Vorliegende Textstelle:

- Je genauer Nathanael hinsieht, desto fehlerhafter ist seine Wahrnehmung: in einer Puppe sieht er eine lebendige Frau.
- Sein fehlerhaftes Sehen/Wahrnehmen Olimpias führt zum Verlieben in die Automatenpuppe.
  → Augen der Puppe Olimpia erscheinen ihm lebendig.
  → Olimpia scheint sehnsuchtsvoll zu ihm zu blicken.
  → Olimpia strahlt ihn vermeintlich voll Liebe an.
  → Olimpias Blick scheint „immer lebendiger" zu werden.
- Die Wahrnehmung der Mitmenschen weicht von seiner ab. Sie erkennen zweifellos die Automatenpuppe
- Die Einsicht in seine Täuschung (bei der Zerstörung der Puppe) stürzt Nathanael in den Wahnsinn

Sonstiges Werk:

- Bereits in den Alchemieszenen wird die optische Wahrnehmung von der Fantasie überformt. So sieht z. B. Nathanael „Augen" in Glut und Zange Coppelius'.
- Beim Auftauchen des Wetterglashändlers sieht N. zuckende Augen statt Brillengläser.
- Bei der Zerstörung Olimpias sieht N. ihre Augen blutig aus dem Kopf fallen.

Contra:

- Das Sehen ist nicht die Ursache des Wahnsinns, sondern dessen Folge:
  → N. konstruiert in Kindheit die Vorstellung eines dämonischen Sandmanns. Die folgenden Ereignisse sind eine Folge fehlerhaft zusammengesetzter Assoziationen (z.B. Namensverwandtschaft Coppelius und Coppola).
  → Nathanael hält die beiden für identisch).
  → Nathanael verliert sich in seiner subjektiven Sichtweise, anstatt offen für Korrektur durch sein Umfeld (Clara, Siegmund) zu sein, die ihm seinen Irrtum aufzeigen.

Fazit:

individuelle Lösung

3 Zentrale Aussagen von Charles Hayes, Fantasie und Wirklichkeit im Werke E.T.A. Hoffmanns:

- Clara stellt das Pendant zur hölzernen Puppe Olimpia dar → beide schweigsam.
- Beziehung zu Olimpia ist Wiederholung der Beziehung zu Clara.
- Clara verkörpert die Leblosigkeit des geistlosen Bürgermädchens.
- Clara steht für das Unmenschliche und Mechanische des bürgerlichen Prinzips.

4 Lösungshilfe

Pro:

- Der Name „Clara" verweist auf „klar"
  → klar sehen → Prinzip der Aufklärung
  → Aufklärung ist assoziiert mit Vernunft und

Rationalität, was in der Romantik oft als zu eindimensional kritisiert wird.
- Claras Reaktion auf Nathanaels „böse Ahnungen“ (siehe Brief an Lothar) zeigen ihre rationale Weltsicht.
- Am Schluss steht die Verwirklichung eines bürgerlichen Ideals (Ehemann, Kinder, Landhaus).

Contra:
- Clara ist zwar vernunftbetont, aber dennoch liebevoll und einfühlsam (vgl. Brief Clara an Nathanael).
- Sie verkörpert eher eine kindliche Unbefangenheit, die in Romantik positiv belegt ist (vgl. Brief Clara an N.).
- Die negativen Zuschreibungen durch Nathanael („kalt“, „prosaisch“) sind eher Ausdruck seiner Verblendung.
- Der Erzähler nimmt Clara klar gegenüber dem Vorwurf der Einseitigkeit in Schutz und charakterisiert sie positiv.
- Ineinssetzung der Figuren Clara-Olimpia geht auf Nathanael zurück → siehe gleiche Kosenamen für beide Geliebten
  → zeigt seine Idealisierung der Geliebten
  → er überformt die Wirklichkeit mit seinen Vorstellungsbildern → Geliebte dient eher als Projektionsfläche seiner Vorstellung
  → Olimpia und Clara sind eher Kontrastfiguren → Nathanael sieht in Olimpia das hinein, was er sich wünscht und übersieht dabei ihre mechanische Geistlosigkeit.
  Der lebendige Mensch Clara bietet mehr Widerstand und eignet sich daher weniger als leere Projektionsfläche. Dass Nathanael ihr die Eigenschaften Olimpias (kalt, geistlos) vorwirft und die geistlos-kalte Olimpia für ein lebendiges, „tiefes Gemüt“ hält, offenbart vielmehr seinen Realitätsverlust.

Fazit: individuelle Lösung

Zwischentest, Seite 87

1 Reproduktion: Inhalt des vorliegenden Textes in eigenen Worten wiedergeben.

Transfer: Zusammenhänge herstellen zwischen der Fragestellung und dem literarischen Text.

Urteilsfindung: begründete eigene Position darlegen.

2 Leitmotiv: Künstlerisches Mittel (Symbol, Motiv, Farbe, Wortfolge o.ä.), das immer wieder im Text zu finden ist. Oft zeigt sich an ihm die Entwicklung des Protagonisten und der Handlung.

3 Erörtern Sie, inwiefern Clara das Pendant zur leblosen Puppe Olimpia darstellt.

Die Interpretation literarischer Texte, Seite 87 bis 105

1 Es geht in dem Text um die Frage, wie wichtig menschliche Anteilnahme ist und wie sehr es in der Zukunft darauf ankommen wird, dass die Menschen Unrecht, das anderen widerfährt, nicht gefühllos hinnehmen.

2 Die Grundhaltung der Autorin ist kämpferisch und mahnend. Kaschnitz schreibt sehr eindringlich. Sie möchte die Leser aufrütteln und nachdenklich stimmen. Der Text macht deutlich, dass die Schriftstellerin sehr besorgt hinsichtlich der Zukunft ist. Zugleich ist sie nicht resignativ, denn sie glaubt an ein besseres Leben, wenn die Menschen nur nicht die Augen vor offenkundigem Unrecht verschließen, sondern sich beherzt engagieren.

3 Die Autorin benutzt komplizierte Satzreihungen, die zum genauen mehrmaligen Lesen zwingen und so zu einer Auseinandersetzung mit dem Inhalt führen. Die drastisch-unmissverständliche Ausdrucksweise mit starken Adjektiven und Verben macht betroffen und rüttelt wach. Die Wiederholungen im Text sind natürlich gewollt. Sie führen dazu, dass das Gesagte besonders nachdrücklich wirkt.

4 Marie Luise Kaschnitz möchte mahnen.
Sie protestiert gegen die weit verbreitete Empfindungslosigkeit ihrer Zeit und will dazu animieren, dass sich die Menschen solidarischer verhalten und stärker engagieren.

5 Die Kurzgeschichte „San Salvador“ von Peter Bichsel aus dem Jahre 1964 beschreibt die Gedanken und planlosen Handlungen des Familienvaters Paul, der davon träumt, der Eintönigkeit seiner Ehe mit Hildegard zu entfliehen, sich letztendlich jedoch nicht dazu aufraffen kann.
Lösungshinweise:

Handlungen von Paul:
- probiert den neuen Füller aus
- kritzelt und schreibt ohne Sinn
- räumt auf
- liest Kinoanzeigen
- dreht Radio aus

- liest Gebrauchsanweisung in verschiedenen Sprachen
- sitzt einfach da
- wartet auf Hildegard

Gedanken von Paul:
- überlegt, wem er schreiben könnte
- denkt über Fortgehen nach Südamerika nach
- denkt an Palmen
- stellt sich Hildegards mögliche Reaktionen vor und denkt an Hildegard

Situation:
- Paul sitzt zu Hause
- Kinder sind im Bett
- Ehefrau Hildegard ist bei Kirchenchorprobe
- Verhalten der Personen ist berechenbar

Beziehung zu Hildegard:
- Ehealltag
- Langeweile
- Gefühlskälte (Mir ist es hier zu kalt)

Wunschvorstellungen Pauls:
- will nach Südamerika
- träumt von Palmen und (innerer) Wärme
- will ausbrechen aus dem Eheeinerlei
- sucht Abwechslung und Geborgenheit

Wissen über Hildegard:
- ist bei Kirchenchorprobe
- würde an einem Weggehen Pauls zweifeln
- würde dies kontrollieren (Hemden zählen, im „Lowen" anrufen)
- weiß nicht, dass der „Löwe" mittwochs geschlossen ist
- nähme an, es sei etwas geschehen
- würde lächeln, verzweifeln, sich mit der Situation abfinden
- würde Haare aus dem Gesicht streichen, mit dem Ringfinger der linken Hand an der Stirn entlangfahren

Sprache und Stil:
- meist Parataxe, ohne Verknüpfungswörter
- reihender Satzbau bewirkt Langeweile: enger sprachlicher Bezug zum Inhalt
- eintönige Wortwahl
- Aufzählungen: weist auf Routine, Alltag hin
- Wiederholungen
- Konjunktiv II: Pauls Weggang ist unwahrscheinlich
- Personaler Erzählbericht (3. P. Sg.)
- Symbole: Palmen = Sonne, Wärme
- Innerer Monolog

Aufbau der Geschichte:
- unvermittelter Anfang, offenes Ende

Deutungsmöglichkeiten:
- Paul will dem Ehealltag, der Routine und Gefühlskälte entfliehen.
- Mangelnde Kommunikation zwischen Paul und Hildegard
- Träumt von einer Flucht nach Südamerika
- Mit dem Ziel „San Salvador" hat Paul sich kaum beschäftigt (vermutet es in Südamerika)
- Paul fehlt der Mut zum Weggehen.

6 Lösungshilfe

Mörikes Herbstgedicht ist klar zweigeteilt:

Vers 1 und 2:
- Zustandsbeschreibung
- Hinweis auf Veränderung (Wiederholung „noch")
- Betonung der ruhigen Stimmung durch Alliterationen (Nebel – noch; Welt – Wald – Wiesen)

Vers 3 bis 6:
- Wendung an ein lyrisches Du
- Blick in die Zukunft
- Enjambement V. 5/6
- Wortschöpfung „herbstkräftig"
- Abweichung von der metrischen Betonung in Vers 5: hèrbstkräftig (besonders betontes Wort!)

insgesamt:
- fließender Rhythmus, regelmäßiges Versmaß (5-hebiger Jambus)
- Reimfolge: abaaab = liedhaft und einprägsam
- Der Herbst erscheint als „warm" und „golden", auch wenn er sich erst mit Nebel zeigt.
- Dieser Eindruck wird durch die „warmen" Vokale verstärkt (a, ä, o).

7 Trakl schrieb dieses sehr bekannte Gedicht 1913, also ein Jahr vor Ausbruch des Ersten Weltkriegs, den damals viele vorweg ahnten. Die Überschrift „Verfall" ist deshalb auch im übertragenen Sinne zu verstehen, denn die „gute alte Zeit" vor 1914 war dem Untergang geweiht.
Das Gedicht, bei dem es sich um ein klassisches Sonett handelt, ist darüber hinaus auch Ausdruck der inneren Lebenseinstellung des Dichters. Trakl war zeitlebens schwermütig. Dies alles zeigt sich deutlich in seiner Lyrik. So enthält das vorliegende Gedicht, das so wunderbar schwebend beginnt (auch im Rhythmus!), in den beiden letzten Strophen Bilder, die die anfängliche Idylle aufheben und zerstören („Die Amsel klagt"; der Wein „schwankt", noch dazu „an rostigen Gittern";

die Kinder sind blass, die Astern „fröstelnd"). Und während eingangs noch vom Frieden die Rede war, sind die beiden abschließenden Terzette vom „Todesreigen" überschattet, der auch noch auf Kinder bezogen wird, die doch sonst für Zukunft und Optimismus stehen.

8 Lösungshilfe
Vorgeschichte:
- Protagonist Anselmus stolpert in den Korb des Äpfelweibs, wird von ihr verflucht und gibt ihr all sein Geld.
- Enttäuscht lässt er sich unter einem Holunderbaum nieder und raucht eine Pfeife.
- Funktion der vorliegenden Textstelle und Konsequenzen für folgende Handlung:
- intensive Naturerlebnis→ Anselmus versteht Sprache der Natur (=Ideal der Romantik)
- poetisches Initiationserlebnis → Erwachen des poetischen Gemüts
- Beginn der Liebe zu Serpentina
→ Szene = Naturerlebnis, Poesie- und Liebeserfahrung in einem

9 Lösungshilfe
Inhaltswiedergabe:
- akustische Wahrnehmung: Rieseln, Rascheln, Flüstern im Holunderbaum
- optische Wahrnehmung: drei gold-grüne Schlänglein in den Zweigen
- schöne dunkelblaue Augen blicken ihn sehnsuchtsvoll an
- Holunderbaum spricht zu Anselmus
- Anselmus erglüht in Liebe und Sehnsucht
- olfaktorische Wahrnehmung: Duft von Blüten
- menschliche Stimme unterbricht den Moment, die Schlangen verschwinden

Analyse:
- Synästhesien (Z.42 ff.): Verschmelzung von akustischen, optischen und olfaktorischen Reizen betonen die Ganzeitlichkeit der Naturerfahrung
- Onomatopoesie/Lautmalerei (Z. 9–14) Alliterationen ahmen die Sprache der Natur nach → Anselmus versteht Sprache der Natur
- Direkte Rede (Z. 33ff.) → Holunderbaum spricht Anselmus an → er versteht Sprache der Natur

Interpretation:
- Intensive, ganzheitliche Naturerfahrung
→ Verstehen der Sprache der Natur
→ In Romantik assoziiert mit poetischer Erfahrung und Ideal des Dichters (Lied der Natur = Poesie der Natur → Dichter entschlüsselt die geheime Sprache der Natur)
→ poetisches Initiationserlebnis
- Liebeserfahrung → Liebe als Voraussetzung für dichterische Tätigkeit
→ beides setzt sich im Haus des Archivarius Lindhorst fort (Entschlüsseln fremder Zeichen (= Natur) mit Hilfe von Liebe (Serpentina) als Tätigkeit des Poeten (Anselmus).

10 Ferdinand will seine geliebte Luise sehen, sich ihrer Liebe und Treue versichern. Luise aber weiß, dass diese Liebe keine Zukunft hat. Ferdinand dominiert den Dialog. Er ist euphorisch, bemerkt zwar Luises Veränderung, versteht sie aber nicht. Die Gefühle der beiden werden nicht nur in ihren Äußerungen (z. B. unvollständigen Sätzen), sondern vor allem durch die Regieanweisungen deutlich:
Ferdinand: fliegt auf sie zu; ihre Hand nehmend und zum Mund führend; befremdet; springt auf; sie zärtlich umfassend; sprachlos ...
Luise: sinkt entfärbt und matt auf einen Sessel; fällt ihm um den Hals; mit Wehmut; lässt plötzlich seine Hand fahren; in großer Bewegung; stürzt hinaus ...

11 Die Dialogszene macht insofern den wesentlichen Konflikt deutlich, weil Ferdinand nicht begreifen kann oder will, dass Luise wegen der Standesschranken und unter dem Druck ihres Vaters ihrer Liebe entsagen muss. Sprache und Verhalten zeigen Ferdinands Selbstbewusstsein und seinen Absolutheitsanspruch, dagegen steht Luises Zerrissenheit. Der Zuschauer kann mit beiden mitfühlen, kann nicht auf ein glückliches Ende hoffen.

Zwischentest, Seite 105

1 Analysieren: Zerlegen des Textes in seine Bausteine und funktionale Deutung sprachlicher Mittel. (2 P.)
Interpretieren: ganzheitlicher als das Analysieren, stellt eher Zusammenhänge her, umfasst eine Deutungsleistung. (2 P.)

2 Kurzgeschichte, Parabel, Erzählung, Märchen, Novelle, Anekdote.

3 Erzählzeit = Zeit, die das Lesen des Textes in Anspruch nimmt (2 P.)

Erzählte Zeit = Zeitspanne der erzählten Handlung (2 P.)

4 Raumgestaltung, Zeitgestaltung, Figurengestaltung, Erzähler, Sprache

5 z.B. Form (Metrum, Reim, Strophen-/Versform), Thema, Stimmung

6 3 (bzw. 5) Akte: 1. Exposition, 2. steigende Handlung, 3. Höhe-/Wendepunkt, 4. fallende Handlung, 5. Schluss.

Materialgestütztes Schreiben, Seite 106 bis 116

1 Lösungshilffe:
Beginnen Sie Ihren Text, indem Sie auf ein aktuelles Beispiel eingehen, das in Ihrer Schule geschehen ist oder weisen Sie darauf hin, wie in den sozialen Medien Menschen mit Migrationshintergrund oder aus der Politik diffamiert und beschimpft werden. Erläutern Sie dann den Begriff „Hate speech", der als bekannt vorausgesetzt werden kann, nur kurz und gehen Sie etwas ausführlicher auf die Auswirkungen ein, die Beleidigungen für die Betroffenen (Auslösung von Ängsten und Gegenaggressionen; Selbstzweifel und Verzweiflung) und für das gesellschaftliche Klima (Vergiftung des öffentlichen Raums; Erschwerung und Verunmöglichung des Dialogs mit Andersdenkenden) haben.
Bei der Frage, wie man mit „Hate Speech" umgehen kann, können Sie sich auf eine oder zwei Gegenstrategien konzentrieren, wie sie in M4 dargestellt sind. Zeigen Sie dabei, welche Möglichkeiten der Einzelne hat und was von Seiten der Rechtsprechung geschehen muss, ob z. B. die Gesetze gegen Hate Speech verschärft werden müssen. Vielleicht fällt Ihnen ja auch etwas Originelles ein, wie im Umfeld der Schule sich alle Beteiligten auf einen gewaltfreien Umgang mit Problemen verständigen können.

2 Lösungshilffe:
Da es sich hier um einen Kommentar handelt, dürfen und sollen Sie hier persönlich Stellung nehmen! Sie müssen aber Ihre Meinung nachvollziehbar begründen und sollten dies differenziert tun. Wenn es Ihnen gelingt, Ihre persönliche Betroffenheit zum Ausdruck zu bringen, passt das hier durchaus – und wenn Sie dann noch eine eigene Lösungsstrategie haben, umso besser!
Die Überschrift sollte originell sein und die Menschen in der Schule direkt ansprechen, z. B.: „So kann es nicht weitergehen! Was jeder von uns gegen Hate Speech tun kann" oder „Schaut nicht weg! Hate Speech geht uns alle an".

Zwischentest, Seite 116

1 – persönliche Erfahrungen mit dem Thema
– aktueller Bezug
– Zusammenhänge zu anderen Gebieten oder historischem Kontext
– passendes Zitat oder Sprichwort

2 Informierende Texte sind sachlich und frei von persönlichen Wertungen. Argumentierende Texte versuchen den Leser mit Hilfe von Argumenten von der eigenen Position zu überzeugen.

3 Lösungshilfe
Am besten verschaffen Sie sich zunächst einen Überblick, indem Sie alle Materialien überfliegen und dabei überlegen, welche Texte zu Ihrer Fragestellung etwas zu sagen haben. In einem zweiten Schritt studieren Sie diese Texte genau. Danach schauen Sie sich – wenn noch Zeit bleibt – auch noch die anderen Materialien an. Bei alledem sollten Sie immer die leitende Fragestellung im Blick haben.

4 Beispielösung, siehe nächste Seite oben

Abschlusstest, Seite 117–119

1 „Europa war die Tochter des phönikischen Königs Agenor, eine Jungfrau von strahlender Schönheit. Einst sandte ihr Kythereia, die Göttin der Liebe, gegen Morgen, zu der Zeit, wo der süße Glieder lösende Schlaf nur leicht auf der Wimper ruht und unter den Schlummernden der Schwarm trugloser Träume umherschweift, einen süßen seltsamen Traum. Während die Jungfrau da lag in Schlafes Arm, wähnte sie, die beiden Weltteile(,) Asien und die gegenüberliegende Festung(,) in Frauengestalt um sich kämpfen zu sehen."
Mit diesen Worten beginnt auf poetische Weise die antike Europa-Sage, die den Beginn und den Ausgangspunkt der Kulturgeschichte unseres Kontinents bildet.

Zu Aufgabe 4, Zwischentest

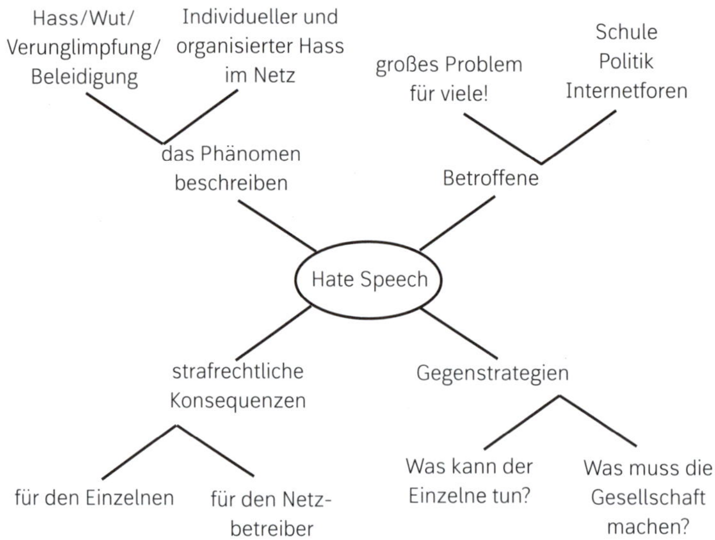

2 Mobilfunk sei eine Gefahr für die Bürger. Die Frage, ob die von Mobilfunk-Masten ausgehende Strahlung gefährlich sei, trete eher in den Hintergrund, da das Telefonieren mit dem Handy weitaus gefährlicher sein könne:
10 Minuten mit dem Handy zu telefonieren bewirke in etwa die Dosis von Strahlen, der man ausgesetzt sei, wenn man einen ganzen Tag in 50 Metern Entfernung von einer Mobilfunkanlage verbringe. Solange es keine gesicherten Erkenntnisse in Bezug auf die Gefährdung gebe, müsse man sensibel sein und verantwortlich mit dieser Technologie umgehen. Denn diese Strahlung könne Konzentrationsstörungen oder Schlaflosigkeit verursachen und sogar Krebserkrankungen auslösen. Deshalb solle man Handys nicht in der Nähe lebenswichtiger Organe tragen.

3
a) Sturm und Drang 1765–1785 (5)
b) Exilliteratur 1933–1945 (4)
c) Expressionismus 1905–1925 (3)
d) Realismus 1850–1900 (1)
e) Romantik 1795–1835 (2)

4 Schillers Drama „Die Räuber“ ist eindeutig der Epoche des „Sturm und Drang“ zuzuordnen. Dies zeigt auch der vorliegende kurze Textauszug, in dem Karl Moor seine Verachtung der Schriftsteller („tintenklecksendes Saeculum“) zum Ausdruck bringt und darüber klagt, dass es in seiner Zeit keine Tatmenschen gibt. Auch die ausdrucksstarke bildkräftige Sprache („studieren sich das Mark aus dem Schädel“; „Keule des Herkules“; „Theaterfeuer“) passt zur Zeit des „Sturm und Drang“.

5 Aufbau einer Textanalyse:

- Einleitung mit den notwendigen Rahmendaten
- Hauptteil mit Inhaltswiedergabe, der eigentlichen Textanalyse und ggf. einer daran anschließenden Erörterung
- Schluss mit Fazit/Zusammenfassung und eigener Stellungnahme
- Rahmendaten, die in die Einleitung gehören: Autor, Titel, Textsorte, Erscheinungsjahr und Thema sowie ggf. die Hauptpersonen

6 Enzensberger macht darauf aufmerksam, dass in der heutigen Zeit allgemeinen Überflusses „Luxus“ neu definiert werden muss. Er zwingt dadurch den Leser zum Nachdenken über den eigenen Lebensstil und das Konsumverhalten unserer Zeit. Wer sich konsequent an diesem Essay orientiert, wird sein Einkaufsverhalten überprüfen und künftig vermutlich auf vieles verzichten, was für das Leben eigentlich nicht so wichtig ist. Auf der anderen Seite würden Grundqualitäten des Daseins wie Ruhe, saubere Luft und gutes Wasser neu schätzen gelernt.

7 Bei einer literarischen Erörterung muss der betreffende Text zunächst sehr genau gelesen und erschlossen werden. Die Arbeit selbst be-

ginnt – nach der Einleitung – mit der Textwiedergabe, an die sich die Erörterung der in dem Text thematisierten Frage anschließt.
Am Ende sollte eine Zusammenfassung oder die persönliche Stellungnahme stehen.

8 Bei Kafkas Kurzgeschichte handelt es sich um eine Parabel, also um eine Art Gleichnis für eine scheinbar alltägliche Begebenheit. Der Ich-Erzähler, der am frühen Morgen in einer ihm fremden Stadt unterwegs ist, stellt erschrocken fest, dass er sich in der Zeit vertan hat. Ein Polizist, den er nach dem Weg fragt, lacht ihn aus und empfiehlt ihm, es aufzugeben. – Die äußerst kurze Parabel spielt an keinem konkreten Ort. Auch über den Zeitpunkt des Geschehens und die beiden einzigen Personen erfährt der Leser nichts. Dadurch hat die Geschichte etwas Zeitloses und Allgemeingültiges. Dass der Schutzmann nicht, wie es seine Aufgabe sein sollte, hilft, sondern den Erzähler verspottet, deutet darauf hin, dass die Geschichte für eine Grundsituation im menschlichen Leben steht, in der der Einzelne keine Antwort auf seine Fragen erhält, sondern abgewiesen wird. Insgesamt erscheint der Erzähler sehr verunsichert. Er ist „atemlos" und wirkt gehetzt. Die Geschichte hat einen offenen Schluss und lässt deshalb sehr viele Deutungen zu.

9 In ihrem Kurztext „Was wir noch können" stellt Marie Lusie Kaschnitz die These auf, dass eine humane Zukunft nur dann möglich sein wird, wenn die Menschen Anteil am Schicksal anderer nehmen, einfühlsam und liebevoll sind und nicht gleichgültig und apathisch wegsehen, wenn anderen Leid zugefügt wird.
Der einleitende sehr lange gedrechselte Satz berührt eben dadurch, dass man ihn nicht gleich beim ersten Lesen versteht. Dann aber geht er wirklich „unter die Haut" und macht betroffen, wenn wir nur daran denken, wie gleichgültig wir die neuesten Schreckensnachrichten aufnehmen und mit wie hoch die Einschaltquoten von Krimis und Horrorgeschichten sind.
Kaschnitz nutzt dann vor allem das Mittel der Übertreibung, um uns endgültig wachzurütteln. Mit ihrem Schlusssatz appelliert sie an unser Gefühl, dass wir noch in der Lage sind, Anteil zu nehmen, empathisch zu sein und lieben zu können. Die von ihr genutzten sprachlichen Mittel unterstreichen ihre Intention entscheidend, denn ohnedem würde der Text nicht eine derartige Wirkung hervorrufen.

10 Wolfgang Borcherts programmatischer Text „Das ist unser Manifest" stammt aus der unmittelbaren Nachkriegszeit des Jahres 1947, als die Erinnerungen an die furchtbare Herrschaft des „Dritten Reiches" und den grauenvollen Zweiten Weltkrieg noch allgegenwärtig waren. Bei allem Protest gegen das Vergangene und bei aller Verzweiflung über das Geschehene bleibt Borchert aber doch Optimist, indem er sich vehement für eine lebenswerte Zukunft einsetzt. Damit steht er als Kronzeuge für die junge Generation, die nach zwölf unvorstellbar schrecklichen Jahren eine radikale Neubesinnung forderte und die sich nicht mit billigen Entschuldigungen abspeisen lassen wollte.
Diese Grundhaltung gilt auch für Enzensbergers Gedicht, das in seiner persönlichen Ansprache geradezu eine Aufforderung ist, sich allen Tendenzen der Gleichmacherei und Anpassung schlau und entschieden zu widersetzen. Auch seine zwölf Jahre nach Kriegsende veröffentlichten Verse spiegeln den Geist und den hohen moralischen Anspruch der Schriftsteller der Nachkriegszeit. Dass Enzensberger glaubt, dass seine Zeilen „Ins Lesebuch der Oberstufe" gehören, zeugt von einer gehörigen Portion Selbstbewusstsein und von dem Gefühl, dass Dichtung und Literatur einen wesentlichen Beitrag zur Daseinsbewältigung leisten können.

11 Rede: Adressaten sind Schüler. Rede verlangt rhetorische Mittel, die der mündlichen Vortragssituation angemessen sind (z.B. direkte Ansprache der Zuhörer/Leser). In einer Rede wird ein klarer Standpunkt vertreten (meinungsbetonter Text). Eine Rede hat häufig eine appellative Funktion und verwendet entsprechende Mittel (z.B. Ausrufe, rhetorische Fragen)

Informierender Zeitungstext: Adressaten: tendenziell erwachsene Zeitungsleser. Sprachlicher Stil: sachlich-nüchtern, ohne subjektive Meinungsäußerung oder Wertung.

Stichwortverzeichnis